AUTOUR

DES

BALKANS

PAR

Victor CAMBON

PARIS

AUGUSTIN CHALLAMEL, ÉDITEUR

5, rue Jacob, et rue Furstenberg, 2

1890

AUTOUR DES BALKANS

AUTOUR

DES

BALKANS

PAR

Victor CAMBON

PARIS

AUGUSTIN CHALLAMEL, ÉDITEUR

5, rue Jacob, et rue Furstenberg, 2

—

1890

PRÉFACE

Les pays sur lesquels ont été recueillies les présentes notes ne sont pas de ceux qu'encombre la foule empressée des touristes.

De nos jours, la gent quelque peu moutonnière qui, un guide à la main, voyage pour son plaisir, se divise en un certain nombre de directions qui ne les conduisent point vers les Balkans. Sans parler de la Suisse, de l'Italie et des bords du Rhin qui attireront toujours les gros

bataillons de l'armée des *tavellers*
et des *reisenden* de tous pays, les
voyages à la mode sont aujourd'hui
l'Ecosse, la Suède et la Norwège,
l'Algérie, l'Espagne, Constantinople, la Syrie et l'Egypte. Aucun
courant ne se dirige vers les rives
illyriennes; elles restent à ce point
méconnues de la masse des voyageurs que la vue d'un couple de
touristes paraît aux indigènes un
phénomène invraisemblable auquel ils cherchent immédiatement
une explication plausible.

L'intérêt, le pittoresque feraient-
ils défaut dans ces régions aux
œuvres de la nature ou aux races
qui les habitent? Nullement et je
ne crois pas qu'il existe sous le soleil un coin de terre plus fertile en
merveilles naturelles et foulé par
des hommes plus dignes de notre
étude.

Je n'en veux pour preuves que les

descriptions enthousiastes que nous
ont laissées les rares voyageurs
d'élite qui ont séjourné dans les
Balkans : le maréchal Marmont,
Charles Nodier, Xavier Marmier,
Louis Léger, Charles Yriarte, et,
tout récemment, M. l'abbé Bauron,
pour ne citer que des Français.

A la vérité, il manque là-bas un
élément que la plupart des touristes ne se résignent pas à n'y
point rencontrer : le confortable.

Dans un voyage sur la côte orientale de l'Adriatique on ne trouve
réellement toutes les ressources de
la vie moderne qu'aux deux points
extrêmes du parcours, à Corfou et
à Trieste. La péninsule balkanique
ne sera donc pas de longtemps sillonnée par les touristes à qui les
repas succulents, les lits moelleux,
les carrosses bien suspendus pa-
raissent une condition *sine quâ non*
du voyage.

Pour ceux au contraire qui s'élèvent sans trop de peine au dessus de ces petites misères de la vie matérielle, ils trouveront dans les sauvages montagnes de l'Albanie, auprès des rudes populations du Monténégro, dans les cités riches en souvenirs du littoral dalmate, et au travers des admirables forêts de la Croatie, un aliment inépuisable à leur ardeur aventureuse et une source de jouissances sans cesse renouvelées à leur soif de pittoresque.

Quand un homme a le goût et le loisir de beaucoup voyager, il me semble impossible qu'il n'en arrive point à préférer aux sites devenus banals à force d'être parcourus, aux villes où tout a été mille fois décrit et catalogué, les régions plus neuves où il pourra se procurer des sensations personnelles et inédites.

La côte d'Illyrie est de celles-là.

C'est un voyage qui ne demande
ni trop de temps, ni trop d'argent,
où la sécurité est complète, et où,
sauf dans quelques vallées, le climat est suffisamment salubre.

Pour nous, Français, un intérêt
d'un ordre plus relevé devrait nous
y pousser. Depuis nos revers, qui
ont été précédés, et, suivis, hélas,
de fautes politiques énormes, bien
peu de peuples sont restés fidèles
à notre fortune. De quelque côté
que nous tournions nos regards,
quand par hasard nous secouons
notre fâcheuse habitude de ne les
porter que sur nous mêmes, à la
façon des fakirs, nous voyons l'Europe en train de se germaniser. La
conquête morale du vieux monde
par l'Allemagne restera le fait le
plus caractéristique de la fin de ce
siècle.

Or une région immense s'étend

non loin de nous où les sympathies pour la France, au lieu de diminuer, tendent à s'accroître. En Grèce, au Monténégro, en Serbie, en Bosnie, dans les provinces dalmates, le nom français est aimé et respecté. Je n'examine pas pour combien notre alliance avec la Russie, toute puissante sur l'esprit des Slaves du sud, entre dans les motifs de cette sympathie. Ce sentiment existe; il est consolant de le constater et patriotique de le développer.

Il importe de multiplier nos relations amicales avec ces peuples sur lesquels, il y a moins d'un siècle, la France étendait sa main toute puissante, et à qui un avenir prochain réserve de hautes destinées politiques. Au jour du danger, ces nations pourront être un contre-poids salutaire aux forces de la triple alliance.

Rapporter fidèlement ce qu'il a

vu dans un pays ami me semble un acte de patriotisme de la part du voyageur qui l'a parcouru, si infime que soit son talent à le décrire.

Quant aux lecteurs dont le chauvinisme ombrageux s'est cabré naguère devant certaines vérités cruelles que j'ai étalées scrupuleusement dans mes notes sur l'Allemagne, ils me pardonneront peut-être d'avoir alarmé leur quiétude, après avoir lu les pages plus consolantes que suggère à une âme française un voyage autour des Balkans.

I

A TRAVERS L'ITALIE

L'Italie moderne. — Les Allemands dans la
Péninsule. — Sympathies italiennes. — La
flotte à la Spezzia.

Si quelque lecteur redoute, au début de ce récit, que le narrateur s'engage dans une description pompeuse
des merveilles antiques de l'Italie, des
palais de Gênes et des splendeurs de
Milan, des musées de Florence et des
enchantements de la ville éternelle,
du ciel de Naples et des lagunes de
Venise; que ce lecteur se rassure. Je
ne viendrai point, après les maîtres,
discourir en écolier sur ces admirables choses. Nul ne doit forcer son
talent. Il ne sera question, ici, que de
l'Italie moderne, de l'Italie entrevue
en quelques jours de Vintimille à

Brindisi et de Venise à Modane, de l'Italie unifiée, de ses progrès, de ses aspirations et de ses tendances nouvelles.

Quels changements dans la péninsule depuis douze années que je ne l'avais parcourue, et combien menaçantes pour nous apparaissent les conséquences de cette unité acquise à nos voisins par le plus pur de notre sang et reconnue enfin de nos jours comme la plus lourde faute politique de la France en ce siècle où elle en a tant commis !

Quantité négligeable avant 1859, l'Italie est devenue, par la grâce de Napoléon III et aux applaudissements, ne l'oublions pas, de tous les républicains français d'alors, la plus ambitieuse des six grandes puissances, la mortelle ennemie de son ancienne alliée et le facteur le plus important de la politique prussienne.

Bien plus encore, l'unité italienne est mère de l'unité allemande. Bismarck est le fils de Cavour et l'un et l'autre doivent le jour au fatal aveuglement de l'empereur des Français.

Depuis vingt années, l'une et l'autre ont grandi parallèlement, élevant chaque année aux frontières de notre patrie une barrière de plus en plus

haute de haine, d'envie et de convoi-
tises, aujourd'hui hautement avouées ;
et il suffit de parcourir ces deux
pays pour condamner à jamais cette
politique néfaste, devant laquelle le
plus grand et, hélas, le moins écouté
de nos hommes d'Etat s'écriait qu'il
restait confondu.

Tour à tour, j'ai revu Gênes et son
port agrandi, hérissé de navires ;
Gênes qui se vante de redevenir
Gênes-la-Superbe. La Spezzia, naguère
encore pauvre bourg de 3,000 habitants, aujourd'hui peuplée de 40,000
âmes et le premier port militaire de
la Méditerranée, après Toulon; Milan,
l'une des plus belles villes de l'Europe,
ornée de constructions grandioses,
qui font à son célèbre dôme un cadre
digne de lui, puis Florence qui vient
d'achever la façade de sa cathédrale,
admirable bijou ivoire et ébène, Florence que des admirateurs, de jour
en jour plus nombreux, consolent de
n'être plus capitale ; Pise, la reine
de la Méditerranée au XIIIe siècle,
mais dont la décadence semble irrémédiable ; Bologne qui, à l'ombre de
sa forêt de portiques et de ses étranges plantations de tours en briques, a
retrouvé, avec la renaissance de sa
vieille université, un regain de vie et

de splendeur ; Vérone, l'une des cités
les plus intéressantes par ses monuments et son histoire où, pour toute
âme française, reste vivant derrière
les sombres murailles le souvenir de
la campagnie d'Italie, l'immortel chef-
d'œuvre du génie de Bonaparte ;
Venise enfin que les belliqueux Italiens ont décoré d'un pesant arsenal
dont les lourds marteaux troublent le
silence des lagunes.

Toutes ces cités italiennes, aux
vieilles basiliques, aux majestueux
palais, sont inondées chaque soir de
lumière électrique, et aux splendeurs
de la Renaissance s'allie depuis dix
ans l'étalage complet des progrès
modernes.

J'ai parcouru la Lombardie et le
Piémont sillonnés en tous sens de
tramways à vapeur sur routes, sortis
du néant comme par miracle et dont
aucun corps national des Ponts et
Chaussées n'est venu arrêter l'essor.
Partout les progrès sont saisissants,
sur les chemins de fer notamment, où
j'ai parcouru, en quelques jours,
1,600 kilomètres. Ainsi le hasard a fait
tomber sous ma main un indicateur
de 1877 ; rapproché de celui de cette
année, on y voit que quantité de lignes
nouvelles ont été créées, que la vi-

tesse a été augmentée et que des
trains express ou directs réunissent
toutes les villes importantes.

La bonne organisation a remplacé
le désordre ; les convois partent et ar-
rivent à l'heure indiquée, phénomènes
inconnus au temps jadis ; de grandes
gares bien installées et, progrès plus
surprenant, bien tenues, s'ouvrent au
voyageur. Tout cela est à l'instar de
l'Allemagne. Dans leur délire d'imita-
tion, les Italiens sont allés jusqu'à
multiplier les buffets ; buffets d'ailleurs
dépourvus de nourriture ; exception-
nellement, on y trouve quelques denrées alimentaires, mais d'un ordre si
inférieur que le souvenir vous en reste
gravé au plus profond de l'estomac.

A un peuple qui leur faisait tant
d'honneur, les Allemands ont répondu
en jetant en Italie de véritables nuées
de touristes.

Ceux-ci considèrent d'ores et déjà
la péninsule comme pays ami, c'est-à-
dire conquis ; il faut voir avec quelle
assurance ces lourds Teutons à lunettes arpentent les palais et les musées,
flanqués de leur Boedecker, suivis de
leur épouse accoutrée comme une gou-
vernante dans le malheur. Au domina-
teur momentané du continent, il faut
des hôtels très bon marché, une cui-

sine médiocre mais copieuse et de la
bonne bière. Tout cela se trouve aujourd'hui en Italie, surtout dans le
nord ; mais je n'imagine pas un maître d'hôtel parvenant à la fortune avec
une clientèle allemande.

La fortune semblait pourtant sourire
aux Italiens, avant qu'ils se fussent
avisés de dénoncer le traité de commerce qui ouvrait à leurs produits
agricoles principalement le marché
français. On ne s'explique pas encore
à l'heure actuelle quel vent de folie a
soufflé dans le cerveau du ministre
Crispi le jour où il a pris l'initiative
d'une mesure si funeste à son pays et
si avantageuse aux agriculteurs français.

Tous les journaux nous ont dit, et
certes ils n'exagèrent pas, quelle misère règne depuis lors dans certaines
provinces italiennes, surtout dans le
midi de la Péninsule, dans les Pouilles
et en Sicile. La sécurité, auparavant
déjà bien discutable, est devenue, dans
cette île, absolument nulle, et le Sicilien demande très couramment au
brigandage le soutien de la misérable
existence que son compatriote Crispi
lui a créée.

Puis ce sont, pour l'armée et la marine, des dépenses insensées, hors de

toute proportion avec les ressources
du pays. Sans doute, les troupes italiennes ont bon air, un air pourfendeur
hors de proportion aussi avec leurs
états de service. Les officiers surtout,
dans leurs uniformes tout battant
neufs, avec leurs pantalons gris perle
dessinant des torses provocateurs,
vous ont des attitudes de Fra-Diavolo
que Capoul lui-même eût enviées. De
quelles conquêtes ces beaux hommes
ne doivent-ils pas être capables dans
le pays du Tendre !

Chaque année les arsenaux accou-
chent dans les rades de quelque monstrueux cuirassé dont l'enfantement
coûte une trentaine de millions à la
mère patrie.

Malheureusement les beaux soldats
ne font pas le bonheur et les gros
navires ne servent pas à écouler les
vins italiens. Aussi est-il intéressant
de rechercher quel est l'effet moral
produit sur la population italienne
par la politique ruineuse de son gouvernement.

Quand on consulte à ce sujet un des
trente-deux millions de sujets d'Hum-
bert Ier, on s'aperçoit, pour autant que
l'on peut croire un Italien sur parole,
que le mécontentement est profond
contre l'administration et que l'idée

républicaine fait de rapides progrès.
On ne croit guère en Italie à la stabi-
lité du trône de la maison de Savoie.
Le fils de Victor-Emmanuel n'a d'autre
prestige que la popularité posthume
de son père. Partout, sans doute, le
voyageur se heurte aux statues du
Re Galantuomo et de son ministre Cavour ; mais plus nombreux encore
sont les monuments élevés à la mémoire de Garibaldi, et les aspirations
révolutionnaires du fougueux patriote
assiègent beaucoup plus les cerveaux
italiens que le respect de la royauté
ne les retient.

Humbert Ier assiste impuissant à ce
mouvement irrésistible de l'esprit
public et, dans son effroi, toutes ses
espérances se sont tournées vers
l'Allemagne ; il s'est fait littéralement
le vassal, pour ne pas dire le valet, de
l'empereur Guillaume et du prince de
Bismarck.

Si les Italiens étaient capables de
dignité, on pourrait dire qu'ils l'ont
totalement sacrifiée à cette alliance.
Mais on ne saurait avoir de peine à
sacrifier ce qu'on ne possède pas.

Le manque absolu d'amour propre
est le caractère national de l'Italien.
Cette lacune psychologique se manifeste de mille façons diverses. En tou-

tes choses, peu lui importe le moyen
par lequel il arrive à son but : s'il s'a-
git de gagner de l'argent, mendier ou
travailler sont deux procédés qui se
valent. Il ne se sentira point désho-
noré d'être battu dans une guerre,
pourvu qu'en dernière analyse le traité
qui suivra lui soit profitable. Les
guerres de 1859 et de 1866 en sont
d'assez mémorables exemples : Quel
eût été le sort des armées italiennes
pendant ces campagnes, sans la France
et la Prusse !

J'ai revu ces jours derniers le champ
de cette épouvantable bataille de Sol-
férino où 400,000 hommes entrèrent
en ligne de trois heures du matin à
huit heures du soir et dont le 30ᵉ anni-
versaire a été célébré le 24 juin dernier ; là, pendant que l'armée française s'emparait brillamment de toutes les positions où s'était retranché
l'ennemi, l'armée italienne, malgré la
bravoure de son roi, n'avait pas réussi
à 5 heures du soir à conserver les sien-
nes et peu s'en fallut qu'elle ne fût jetée
dans le lac de Garde par le corps d'armée de Bénédeck qui lui était opposé.

Quelques jours plus tard, par le traité
de Villafranca, le Piémont gagnait la
Lombardie « le plus beau duché du
monde », nous cédant, il est vrai, Nice

et la Savoie, compensation absolument inégale, par laquelle ils déclarent hardiment nous avoir payé tous nos services.

En 1866, ce fut bien pis ; honteusement vaincu sur terre et sur mer à Custozza et à Lissa, le jeune royaume obtient la Vénétie pour prix de ses défaites.

Aujourd'hui, nouvelles prétentions : aux irrédentistes qui s'agitent fiévreusement et deviennent chaque jour plus arrogants, il faut Trente et Trieste, plus Nice et la Savoie, cela va sans dire. Volontiers ils pousseraient à la guerre. Je ne sais s'ils espèrent vaincre, mais, encouragés par le passé, ils comptent bien encore profiter des victoires... de leurs alliés.

En somme, chaque fois que les Italiens se sont mesurés avec les Autrichiens, ils ont été royalement battus ; il n'en est pas moins vrai que, finalement, c'est l'Autriche qui a dû quitter Venise et Milan, et les Italiens en sont tout aussi orgueilleux que s'ils les eussent reconquises.

A vrai dire, les amis de Prusse les apprécient à leur juste valeur. Lors du dernier voyage de l'empereur d'Allemagne en Italie, Guillaume et Herbert de Bismarck avaient toutes les allures de deux étudiants qui ont quitté leur université, tout heureux d'aller se divertir aux dépens de leurs hôtes, mais de se divertir à la prussienne, c'est-à-dire lourdement. Dans les revues, dans les cérémonies, les gros personnages de la suite de l'empereur échangeaient des plaisanteries d'un goût douteux sur ce qu'ils voyaient, et quand on leur faisait signe que leurs voisins entendaient l'allemand, ils n'en continuaient que de plus belle, et les pauvres Italiens ne soufflaient mot.

Un jour dans une réception, le comte Herbert, un colosse comme son père, envoyait négligemment ses éperons dans les tibias de quelques personnages présents. Un diplomate italien lui en ayant fait l'observation, le fils du grand-chancelier répondit avec hauteur : « Ne savez-vous pas que je suis le comte de Bismarck ! » En France, le comte de Bismarck eût peut-être payé d'un soufflet son arrogance ; l'Italien se contenta de lui répondre avec la finesse propre à sa race : « Ceci est une raison mais non pas une excuse. » L'Italien n'avait pas senti l'affront, mais le comte prussien comprit-il le sel de la réponse ?

Je ne sais ce que les Italiens pensent,

au fond, de leur ministre Crispi, mais,
quand on les interroge, ils déclarent
l'avoir en petite estime. Dans toutes
leurs conversations éclate le désir
de voir se renouer les relations commerciales avec la France ; ce désir
est aussi ardent chez eux que le désir
contraire chez nous.

L'arrivée de M. Mariani, neveu de
M. Floquet, à l'ambassade de Rome
leur donna, dans le début, des espérances qui n'étaient point chimériques. Je ne viens point ici faire le
procès à ce diplomate dont l'avance-
ment rapide a suscité cependant bien
des jalousies. Personnellement, j'ai
eu l'honneur d'approcher M. Mariani,
alors ministre à Munich, et n'ai eu
qu'à me louer de sa courtoisie et de
sa bienveillance ; mais il est certain
que Mariani a été envoyé à Rome
avec mission d'étudier des conven-
tions douanières avec l'Italie, et il n'a
fallu rien moins que l'énergique protestation de l'opinion publique en
France pour enrayer ces beaux projets, qui ne sont peut-être point
tout à fait abandonnés aujourd'hui
comme on pourrait le croire. M. Spul-
ler, interrogé récemment à ce sujet à
la Chambre, a répondu d'une façon
évasive et, tout dernièrement encore,

le gouvernement français à levé le
décret qui interdisait l'entrée en
France du bétail italien. Il reste donc
fort à craindre que nos hommes d'Etat
se laissent un jour ou un autre cir-
convenir par les diplomates de la
Péninsule.

Veut-on savoir, en attendant, quels
sont, vis à vis de nous, les procédés
de l'administration italienne ? Quand
nous passâmes, au mois de mai, à la
douane de Vintimille, nous dûmes
ouvrir toutes nos valises, qui furent
visitées jusqu'au dernier mouchoir de
poche. Un unique paquet de tabac de
vingt-cinq sous fut taxé trois francs,
et comme je voulais l'abandonner
entre les mains du Cerbère, je fus
menacé, avec force gestes expressifs,
d'une amende énorme pour tentative
de corruption. Six semaines plus tard,
au moment de repasser la frontière
italienne entre Lugano (Suisse) et
Luino, le capitaine du bateau à vapeur
suisse, sur lequel nous étions montés,
nous dit : « Si les douaniers italiens
s'aperçoivent que vous êtes Français,
gare à vos bagages ». Instruit par
l'expérience, j'affectai de ne parler
qu'allemand ; c'est à peine si nos
colis furent regardés !

Mais ceci n'est rien en comparaison

de ce qui nous arriva à la Spezzia. Il y avait en rade un de ces monstrueux cuirassés que la marine italienne a adoptés, navires filant dix-huit nœuds, armés de canons de cent tonnes, avec réduit blindé et tourelles, filet contre-torpille, canons-revolvers dans les hunes, etc.. c'était le *Ruggiero*, du même modèle que ses aînés, le *Duilio*, le *Lepanto*. le *Dandolo*. Le *Ruggiero* a été lancé depuis peu et son armement a été achevé tout récemment ; sa vitesse aux essais a été, dit-on, de dix-neuf nœuds.. Quelle est la valeur intrinsèque de ces colossales unités que l'amirauté italienne multiplie, puisque deux nouveaux bateaux du même type sont en chantier, la *Sardaigne* et, je crois, la *Sicile* ? Une prochaine guerre nous le révèlera. Mais là n'est pas la question qui m'occupe.

Il est de tradition constante dans tous les ports militaires de laisser monter à bord des navires en rade les étrangers munis de passe-port. Je me souviens avoir visité ainsi des vaisseaux de guerre de toutes nationalités, à Toulon, à Carthagène, dans la baie de Villefranche, à Kiel, à Copenhague, à Pola et plus récemment à Corfou. Je supposais qu'il en serait de même à la Spezzia, du moins me l'avait-on positivement affirmé.

Descendre dans une barque et arriver jusqu'au flanc du *Ruggiero* fut l'affaire de dix minutes. L'officier de quart se présente aussitôt, très correct ; nous lui demandons respectueusement la permission de monter à bord.

— Etes-vous Prussiens (*sic*) ? nous demande-t-il en français.

— Non, monsieur.

— Anglais ?

— Pas davantage ; Français.

— Vous êtes Français ! Alors je ne puis vous laisser monter ; allez à la direction navale et si l'amiral vous donne une autorisation spéciale, vous pourrez revenir.

Voilà le peuple pour qui 50,000 Français sont morts, il y a trente ans !

En nous ramenant à terre, notre batelier, un vieux bonhomme, jargonnant moitié italien moitié français, nous disait : « Ah ! Monsieur et Madame, pourquoi ne lui avez-vous pas dit que vous étiez Prussiens, vous auriez pu visiter à votre gré tous les vaisseaux de la rade sans la permission d'aucun amiral ! »

La grande ligne de chemin de fer qui, descendant du Mont Cenis ou du

St-Gothard, aboutit à Brindisi, est la
voie la plus courte entre l'Europe et
l'Orient ; elle passe par Milan, Plai-
sance, Bologne, Ancône, Foggia,
Bari et Brindisi. Cette dernière ville
est, comme on le sait, le point terminus des paquebots postaux de la Société anglaise de *Navigation Péninsulaire et Orientale*, la plus puissante des
compagnies maritimes qui sillonnent
notre planète ; cette ligne sert de trait
d'union entre l'Hindoustan et la métropole britannique, et c'est pour
abréger la durée du parcours conti-
nental que la Péninsulaire a créé à
ses frais le service légendaire de la
malle des Indes lequel, par Douvres,
Calais, Paris, Mâcon, Culoz, le Mont-
Cenis et Turin, relie Londres à Brindisi en 48 heures. La malle des Indes
correspond, sans perdre un instant, à
l'arrivée comme au départ, avec un
énorme steamer desservant l'Egypte,
l'Asie anglaise, la Chine et le Japon.

Ce service est hebdomadaire et les
voyageurs de première classe en pro-
venance des grandes villes italiennes
du parcours ont le droit de l'utiliser.

Mais il n'est pas donné à tout le
monde de faire coïncider son départ
avec celui de la malle anglaise et l'on
doit recourir alors à l'unique train

direct quotidien qui traverse du nord au sud la péninsule italienne.

Partis de Bologne à trois heures du matin, nous n'arrivâmes à Brindisi qu'à onze heures du soir, soit vingt heures pour franchir les 760 kilomètres qui les séparent. Si j'ajoute que la route est fort peu intéressante, la chaleur torride, la poussière insupportable et les repas dans les buffets odieux, j'aurai donné au lecteur une idée approximative de l'agrément de ce voyage.

La voie ferrée suit presque constamment la mer, que borde une interminable plage basse, aride et sablonneuse. A droite, des montagnes, trop éloignées pour qu'on en puisse saisir les détails ; sur leurs flancs, quelques vieilles villes et nombre de villages grisâtres dont les maisons, serrées les unes contre les autres, sont défendues par une lourde ceinture de sombres murailles.

De nombreux torrents s'en détachent, projetant dans la mer par leurs eaux jaunâtres des deltas boueux et malsains que le chemin de fer franchit sur des ponts à moitié enfouis dans la vase ; l'un d'eux est le Rubicon, que les généraux romains, revenant vainqueurs, ne devaient pas passer à la tête de leur armée ; on sait que Jules César, à son retour des Gaules, transgressa cette loi. Ce fut sa manière à lui d'effectuer son 18 Brumaire.

Ainsi traverse-t-on successivement, au milieu d'une végétation tantôt vigoureuse et touffue, tantôt rare et étique, les Romagnes, les Marches d'Ancône, les Abbruzzes et la Pouille. Cette dernière province, dont Foggia occupe à peu près le centre, est une plaine immense, inculte quoique fertile, livrée pendant une partie de l'année à de nombreux troupeaux de moutons qui transhument en été sur la montagne ; région presque inhabitée, d'un caractère mélancolique et grandiose. Dans ces dernières années, toutefois, on y a planté de grandes surfaces en vignes. Mais déjà les propriétaires sont menacés de ruine par les droits réciproques de 20 fr. dont sont frappés en ce moment les vins italiens à leur entrée en France.

Plus loin, voici Bari, ville de 60.000 habitants, l'un des rares ports naturels de l'Italie sur l'Adriatique. Célèbre au Moyen-Age par les attaques des Sarrazins, des Grecs et des Normands, cette ville doit sa prospérité aux plantureux vergers d'oliviers et d'orangers qui s'étendent aux alentours.

Enfin, l'on débarque en pleine nuit dans la grande gare de Brindisi; plusieurs omnibus conduisent les voyageurs au port, où chauffent toujours de nombreux paquebots pour Trieste, Corfou, l'Angleterre, la Grèce, l'Egypte et l'Orient.

Par un singulier retour des choses de ce monde, Brindisi ou Brindes (le Brindusium des Romains) a retrouvé ces dernières années l'importance qu'il eut si longtemps dans l'antiquité. C'est à Brindusium qu'aboutissait la voie romaine faisant communiquer Rome et Byzance; nous visiterons plus loin en Albanie, à Durazzo (Dyracchium), le port où abordaient les galères impériales qui, de Brindusium, transportaient en Orient les voyageurs et les légions.

Il me serait d'ailleurs difficile de m'étendre ici sur les agrandissements récents de la ville, car, à minuit sonnant, le paquebot grec l'*Aminpolis* levait l'ancre et nous emportait sous un ciel brillamment étoilé vers les rives de Corfou.

Le service de Brindisi à Corfou est assuré par trois lignes de steamers, de la Compagnie de Llyod austro-hongrois, de la Société italienne Florio-Rubattino, et de la Société héllénique, à laquelle appartient l'*Aminpolis*, petit navire d'une propreté sans doute discutable, mais très bon marcheur.

Dans toute la Méditerranée, les Grecs passent pour excellents matelots. Le capitaine qui commandait est un des plus beaux types de loup de mer que j'aie rencontrés ; stature de géant, visage mâle et coloré, encadré d'une épaisse chevelure grisonnante.

On me raconte qu'il y a quelques années son navire ayant fait naufrage près du terrible cap Matapan, il eut la force de se maintenir pendant trois jours sur les flots à l'aide d'une épave. A lui tomber sous les yeux, ce récit ne blessera point sa modestie, car ce brave marin ne comprend pas un mot de français.

Il n'en est pas de même autour de lui, car entre les passagers cosmopolites que le hasard réunit sur le pont du navire, compagnons d'un jour qui ne se retrouveront jamais, j'entends de tous côtés parler ou écorcher notre langue.

L'*Aminpolis* ne devait que faire escale à Corfou et de là se dirigeait sur Patras, puis correspondait par le chemin de fer de Patras à Athènes et au Pirée, avec un paquebot en partance pour Constantinople et la Mer Noire.

Il y avait à bord des hommes de
tous pays, des races et des religions
les plus variées : anglais, italiens,
grecs, slaves, levantins ; aucun d'eux
n'eut pu se faire comprendre des autres dans son idiome maternel, presque tous parvenaient à causer avec
plus ou moins d'aisance dans cette
langue que l'on parle sur tous les
points du globe, la langue française.

Je ne sais rien de plus intéressant
que de se trouver jeté au travers
d'une de ces grandes voies interna-
tionales sillonnant le monde moderne,
et d'y étudier à loisir les types d'hommes qui y circulent. Que de choses
on apprend, que d'horizons nouveaux
on découvre en quelques heures au
contact de ces touristes cosmopolites,
de ces chercheurs de fortune qui vous
confient le plus souvent, sans détour
leur passé, leurs opinions, leurs projets ou leurs espérances !

C'est là que commença pour nous
ce défilé de personnalités curieuses, souvent remarquables, avec lesquels un voyage en Orient vous met
inévitablement en rapport.

J'en ai retenu, comme une des figures les plus sympathiques, celle d'un
jeune Grec, né à Constantinople, élevé
dans le lycée français fondé là-bas

par Napoléon III, et depuis lors employé aux travaux de l'isthme de Corinthe. Ce jeune homme, à l'esprit vif
et enthousiaste, mettait à profit, pour
courir le monde, le congé forcé auquel l'interruption des travaux du canal contraint en ce moment tout le
personnel de la Compagnie. Il venait
de visiter en un mois l'Italie et la Sicile et retournait à Constantinople
auprès des siens qu'il n'avait pas
revus depuis huit années, et se propo-
sait de repartir prochainement pour
Paris visiter l'Exposition universelle.

Il me donna maints détails inédits
sur la grande œuvre entreprise par
le général Thur, sous les auspices de
M. de Lesseps.

La traversée de l'isthme s'effectuera
par un canal de 6 kilomètres de longueur; mais il s'agit de lui donner
passage au travers d'une chaîne d'une
cinquantaine de mètres de hauteur.
Les travaux, bien qu'habilement con-
duits par M. l'ingénieur en chef Ba-
zaine, ont absorbé déjà la totalité des
sommes souscrites, soit 40 millions,
et il s'agit aujourd'hui de trouver les
20 millions nécessaires à l'achèvement des travaux, dont les deux tiers
sont exécutés. Pendant ce temps, la

Compagnie se borne à donner çà et là
quelques coups de pioche afin d'échapper à la déchéance de sa concession
qui reviendrait de droit au gouvernement grec du jour où les chantiers
seraient abandonnés.

Je ne puis reproduire ici toutes les
considérations qui me furent déve-
loppées ce soir-là sur le canal de Corinthe : partisans ou adversaires de
l'œuvre ne manqueraient point, au
moment psychologique d'un appel de
fonds, d'y voir l'indice d'une opinion
intéressée soit à la chute soit à la réus-
site de l'entreprise.

De leur côté mes interlocuteurs
m'interrogeaient longuement sur Paris, sur l'Exposition, sur la tour Eiffel;
nous étions au 17 mai, et le prestige
de cette grande œuvre n'avait pas
encore été défloré par les récits incessants de la presse du monde entier :
on en était seulement aux premiers
cris d'admiration qui avaient suivi
l'inauguration officielle, et rien ne
peut donner l'idée de la fascination
qu'exerçait sur les esprits méridionaux la description de cette grande
merveille française.

Nous causâmes longtemps de ces
actualités palpitantes et l'aurore commençait à poindre au large de la proue

du navire, quand nous nous sépa-
râmes pour aller rêver, mes compagnons, de Paris et de ses splendeurs,
et moi des délices de ce petit paradis
terrestre qu'on appelle l'Ile de Corfou.

II

CORFOU

Le 17 mai, en sortant de notre cabine vers 8 heures du matin, nous découvrions devant nous, par delà la mer d'un bleu intense, de hautes montagnes entourées d'une brume légère, c'était la côte Albanaise; des pics neigeux, aux silhouettes hardies, émergent derrière les falaises qui bordent la rive; sur la droite, après avoir longé quelques ilots arides, on aperçoit une croupe plus sombre, ce sont les montagnes de Corfou, aux flancs hérissés d'une luxuriante végétation.

La plus belle des sept Iles Ioniennes a très approximativement la forme d'un

T très allongé, dont la barre de tête est au nord, orientée de l'ouest à l'est et dont la ville de Corfou, exposée au levant, occupe à peu près le milieu de la branche verticale.

La passe est qui sépare Corfou de la côte Albanaise n'a pas plus de 8 à 10 kilomètres de large: en face de la ville se dresse, au travers de cette passe, un écueil allongé, rocailleux, l'île de Vido, qui l'abrite contre les vents d'est et en fait une rade, à la fois très étendue et très sûre.

Panorama superbe que celui de cette jolie cité, en partie masquée par sa sombre et vieille forteresse vénitienne, sentinelle avancée qui la protège, et noyée au milieu d'une végétation dont la vigueur apparaît de plus en plus intense à mesure que l'on approche du rivage.

A midi sonnant, heure d'Athènes, (1 h. 1/2 de différence avec celle de Paris), l'*Aminpolis* jette l'ancre et une nuée bruyante d'embarcations étreint le noir paquebot; nous distinguons bientôt les tapis rouges et les guides galonnés de la chaloupe de l'hôtel St-Georges, et une heure plus tard nous sommes assis devant une table remarquablement servie, aux prises avec une cuisine dont la succulence ne se démentit pas une seule fois pendant les six journées que nous passâmes à Corfou.

Chambres confortables, excellents lits, propreté parfaite, tout est séduisant à l'hôtel St-Georges, pension très fréquentée en hiver par les Anglais et les Autrichiens.

On sait que les Anglais, dont la moindre prétention est de considérer le globe entier comme leur domaine, ont marqué sur la mappemonde tous les points qui peuvent offrir à leur cosmopolitisme remuant un rendez-vous de repos, d'excursions ou de chasse, un oasis de fraîcheur en été, ou de tiède température en hiver. *Ubi bene, ibi patria.*

Corfou est une des *Winter City* (séjours d'hiver) recommandées par John Bull, rivale de Nice, d'Alger, de Madère, d'Ajaccio ou des Canaries.

La ville, qui compte 25,000 habitants, est campée sur un promontoire comme une selle sur un cheval; les panneaux de la selle plongeant dans la mer, la tête du coursier étant orientée vers le sud-est, et représentée par un gros rocher battu de trois côtés par les flots, qui porte une massive citadelle vénitienne du XVe siècle. Sur le haut de la ville, s'étend un plateau

presque entièrement occupé par
l'Esplanade, immense rectangle d'une
surface double au moins de notre
place Bellecour; l'un des grands côtés
est bordé d'arbres séculaires, celui
d'en face est formé de hautes et belles
maisons, hôtels ou batiments administratifs, au-dessous desquels s'étage
la vieille ville sillonnée de rues étroites
et tortueuses, véritable labyrinthe singulièrement animé. Des deux petits
côtés, l'un est en terrasse sur la mer au
sud, c'est un des panneauxs de la selle;
l'autre est bordé par un lourd monument en style néo-grec construit vers
1820 par les Anglais, alors maîtres de
l'île et devenu aujourd'hui le palais du
roi de Grèce ; ce palais et les jardins
qui l'entourent constituent l'autre pan-
neau de la selle.

Si mon explication topographique
ne paraît pas au lecteur absolument
incompréhensible, il reconnaîtra que
la situation de cette petite ville est
merveilleusement pittoresque ; mais
au premier abord elle met en déroute
la perspicacité d'orientation du touriste
le plus exercé, et j'ai vu maint étranger, après plusieurs journées passées
à Corfou, renoncer piteusement à
retrouver sa route.

Les rues de la vieille ville, perpétuellement encombrées d'une population bigarrée de Grecs, d'Albanais, de Levantins et de Juifs, offrent aux regards une double rangée de petites boutiques enfumées, malpropres, mais bourrées de marchandises de toutes sortes, parmi lesquelles les denrées alimentaires dominent. Nulle part je n'ai vu pareil débordement d'épiciers, de friteurs, de cabaretiers, de marchands de légumes et de fruits. Des olives, des nèfles, des cerises, des fraises dignes de la Terre Promise s'entassent dans un désordre exubérant à la portée des passants.

Le Corfiote prend le plus souvent ses repas debout et en plein air, allant du boulanger au rôtisseur, au fruitier, au marchand de vins, puis court terminer son dîner dans de petits cafés noirs et bas, où on lui sert pour quelques *leptas* (centimes) un excellent moka turc, qu'il savoure en fumant des cigarettes.

Telle est la vie de ce peuple heureux et tranquille, que la Providence, grâce aux trésors prodigués par une terre d'une inépuisable fertilité, semble avoir affranchi de l'inexorable loi du travail.

Aussi, l'escale de Corfou est-elle recherchée de tous les navigateurs qui fréquentent les îles de la Méditerranée et les côtes du Levant.

C'est là que les navires de commerce vont se ravitailler, et les commandants des escadres européennes du Levant viennent passer de longs jours au mouillage dans sa rade.

Il y avait à ce moment dans les eaux de Corfou deux navires de guerre français, le *Vauban* cuirassé d'escadre du Levant portant pavillon de l'amiral Olry, et le *Seignelay*, croiseur à grande vitesse quoique déjà ancien, plus un magnifique vaisseau anglais d'un modèle récent, l'*Edimbourg*, formidable ilot flottant habité par six cents matelots et une centaine d'hommes d'infanterie de marine anglaise, dont la haute prestance et les superbes habits rouges faisaient sensation dans les rues de Corfou.

Sans doute il y a lieu de frémir sur l'énormité des dépenses qu'impose aux états modernes la construction de ces cuirassés de plus en plus monstrueux que des engins d'attaque de plus en plus foudroyants rendent vulnérables à peine sortis des chantiers ; mais on ne peut méconnaître le prestige merveilleux et la crainte respectueuse que ces masses imposantes, et leur formidable artillerie, inspirent aux peuples encore primitifs au milieu desquels ils viennent stationner. Immobiles et superbes dans leur majestueuse impassibilité, les grands navires de guerre reflètent au loin la vivante image de la puissance dont ils portent le pavillon.

Je ne crois pas faire étalage d'un chauvinisme déplacé en disant qu'au premier rang des matelots européens se placent les équipages des escadres françaises. La tenue à la fois crâne et distinguée des officiers, sous leurs uniformes galonnés, les allures vives et décidées des hardis matelots qui contrastent avec l'apathie orientale; la vie, la gaieté, l'humeur bienveillante qui distinguent le marin français, lui attirent des sympathies partout où il se montre ; et ces sympathies s'unissent très avantageusement au respect salutaire inspiré par la vue des pièces de canon qui décorent les batteries de nos cuirassés.

Aussi, est-ce avec une véritable tristesse que tous les amis de la France en Orient ont lu le décret de l'amiral Krantz qui, d'un trait de plume, a supprimé l'escadre du Levant. On se demande si l'instant est bien choisi de supprimer cette croisière presque historique qui couvrait de sa protection

efficace tous les chrétiens de l'empire
ottoman, au moment même où les
Italiens se livrent à des efforts déses-
pérés pour nous disputer la prépondérance politique et navale dans la
Méditerranée et où l'Allemagne donne
un essor menaçant à sa marine militaire à peine née d'hier.

Les avertissements ne manquent
point nous prédisant qu'une flotte italienne ou italo-allemande ne tardera
pas à remplacer, dans les eaux grec-
ques et ottomanes, la croisière commandée par l'amiral Olry.

Mais comme les ministères ne durent pas en France et que le premier
soin d'un ministre nouveau est de
rapporter les décrets de son prédécesseur, on espère bien qu'avant un an
l'escadre du Levant, qui a dû rentrer
récemment en France, appareillera de
nouveau vers ces parages d'Orient
dont les indigènes reconnaissent encore la France comme la reine de la
Méditerranée.

Nous ne tardâmes pas à faire la
connaissance de plusieurs officiers
du *Vauban* et du *Seignelay* et passâmes en leur société, des heures ins-
tructives et charmantes.

Le *Seignelay* avait pris part, quelques semaines auparavant, à une bien

pitoyable besogne impérieusement or-
donnée par le ministère qui avait pour
chef M. Floquet. Ce n'est ni la première ni la dernière fois que nous trouvons ce suffisant personnage occupé à
commettre quelque sottise politique.

Je veux parler de l'affaire Atchinoff.

Voici, d'après les renseignements
puisés à la source même, comment
les choses se passèrent.

Atchinoff était, il faut bien le reconnaître, une sorte de fou, panslaviste
exalté, moitié apôtre et moitié aven-
turier. Depuis plusieurs mois, il s'était
installé dans un fort inoccupé de l'île
de Sagallo, indiscutablement reconnue
comme possession française, et avait
arboré le drapeau russe au plus haut
qu'il avait pu le percher. Il vivait là
avec une troupe d'hommes, de femmes
et d'enfants, qui avaient, on ne sait
trop pourquoi, suivi sa fortune. Parmi
eux se trouvait un évêque slave orthodoxe, c'est-à-dire schismatique
grec.

Atchinoff, installé dans son block-
hauss, était resté sourd à toutes les
injonctions qui lui avaient été faites
d'en sortir. Comment se fait-il que le
ministère français n'ait pas tenté l'impossible pour traiter l'affaire diploma-
tiquement et négocié de façon à faire

expulser Atchinoff par la Russie elle-même? C'est ce que les officiers de l'escadre ne purent me dire ; toujours est-il qu'un beau jour l'amiral Olry reçut l'ordre d'avoir à déloger Atchinoff et sa bande à coups de canon. Le *Seignelay* et le *Primauguet* furent envoyés à Sagallo et s'embossèrent à une faible distance du fort.

Un officier descendit à terre pour parlementer. Atchinoff ne tint aucun compte de ses sommations, et annonça à ses camarades que l'officier français venait de lui faire une communication sans importance. Quelques instants après, un coup de canon à poudre, premier avertissement, partit du *Primauguet*.

Les hôtes du fort s'effrayèrent. Atchinoff les rassura, disant que les vaisseaux français se livraient à des exercices de tir ; quelques minutes se passèrent, deuxième coup de canon ; avertissement plus pressant, un obus ronfla à quelques mètres au-dessus du fort. Le drapeau russe continuait à flotter. Un troisième coup de canon est tiré, un pan de muraille vole en éclats ; pour lors commence un sauve-qui-peut général. Du pont des cuirassés français, on voyait les malheureux Russes s'enfuir épouvantés. Quand le commandant du *Primauguet* crut toute la bande en fuite et en sûreté, il se décida à enfoncer la porte d'un dernier coup de canon. Hélas! derrière cette porte s'était blottie une grappe vivante d'hommes, de femmes et d'enfants, immobilisés par la peur. Une demi-douzaine furent tués ou blessés et quand les matelots français entrèrent dans le réduit, ce fut pour recueillir les victimes de ce désastre qu'à tout prix ils eussent voulu éviter.

Le fatal coup de canon de Sagallo eut un retentissement déplorable dans tout le Levant. Sans doute la France avait agi dans la plénitude de son droit, sans doute Atchinoff a été désapprouvé par son gouvernement; mais les Orientaux, auprès desquels le prestige de la Russie et de la France est immense, et chez qui les nuances compliquées de la politique s'effacent devant la brutalité des faits accomplis, les Orientaux, dis-je, n'ont vu dans ce malencontreux évènement, que le pavillon russe et les sujets du czar bombardés par une escadre française. « Voilà donc cette France, se disent-ils, qui se déclare l'amie de la Russie, et les premiers coups de canon qu'elle tire depuis vingt ans sur des

Européens sont dirigés contre sa seule
alliée. »

D'autre part, l'ambassadeur actuel
de France à Constantinople n'est point
considéré comme ayant les qualités
diplomatiques voulues pour réparer
l'effet de cet incident. On lui reproche
avec vivacité d'avoir érigé à l'état de
système l'indifférence la plus complète pour tout ce qui se passe. Les
chrétiens, les Français même, sont in-
sultés impunément dans les rues de
Damas ou de Beyrouth. Les deman-
des, les réclamations de nos natio-
naux ne rencontrent guère auprès de
lui que des fins de non recevoir.

En voici un exemple, entre autres,
dont toute la colonie corfiote avait
été témoin ce printemps. Les hautes
montagnes de l'Albanie, que l'on admire de Corfou, passent pour un des
pays des plus giboyeux du monde.
Les chevreuils, les sangliers, les
loups y abondent. Le printemps y ra-
mène chaque année une telle profusion de bécasses qu'il n'est pas rare
de voir des chasseurs rapporter cinquante pièces d'une journée de battue.
Beaucoup de riches Anglais viennent
séjourner à Corfou dans le seul des-
sein de se livrer en Albanie aux plaisirs de la chasse. Seulement, comme

il y a en Albanie à peu près autant de
brigands que d'habitants, l'on n'y peut
voyager sans escorte. Cette escorte
et la permission de séjour, les Anglais
les font demander à la Sublime-Porte
par leur ambassadeur et l'obtiennent
sans coup férir.

Cette année, quatre jeunes Français
appartenant à de grandes familles
parisiennes, vinrent mouiller leur
yacht dans la rade de Corfou. Eux
aussi désiraient chasser en Albanie;
ils s'adressèrent donc à notre ambassade, confiants dans le résultat de
leur démarche. Or, la même semaine
où des schooters anglais recevaient
avis que leur escorte les attendait sur
la côte d'Épire, nos pauvres compatriotes étaient prévenus que l'ambassadeur de France n'avait pu faire
agréer leur demande.

Il est tellement rare de rencontrer
des Français voyageant en touristes à
l'étranger que le petit nombre de ceux
qui se livrent au plaisir de courir le
monde sont bien vite, surtout en Orient,
un objet de curiosité et, je dois le dire,
de sympathie. Au bout de quarante-
huit heures de séjour, nous avions
déjà fait, en dehors des officiers de
l'escadre, de nombreuses connaissances; soit parmi les Corfiotes,

soit dans la colonie étrangère.

Les principales grandes puissances entretiennent à Corfou des consuls qui ont le titre de Consuls des sept Iles Ioniennes : Corfou, Zanthe, Cérigo, Ithaque, Céphalonie, Paxos et Leucade.

Je dois un sincère tribut de gratitude à M. Danloux, consul de France, et à Madame Danloux, pour le cordial accueil que nous reçumes d'eux dans leur élégante villa de Canone, faubourg de Corfou, située dans une ravissante position au bord de la mer. M. Danloux, homme de beaucoup d'esprit et d'une rare distinction, est le le petit-fils du peintre de ce nom, qui vivait à la fin du siècle dernier et qui passa plusieurs années de sa vie à Lyon où se trouvent encore, paraît-il, quelques-unes de ses meilleures toiles.

Nous avions en même temps pour commensal à l'hôtel St-Georges, le consul d'Autriche, M. le comte de G. appartenant à une des plus grandes familles de Vienne, gentilhomme d'une élégance et d'une amabilité parfaites parlant le Français comme un Parisien, et qui ne trahissait son origine germanique que par l'ampleur de son appétit. C'était chose admirable de lui voir faire disparaître en trois bouchées une langouste tout entière, comme une simple écrevisse. Cette fourchette brillante me rappelait les plus beaux spécimens de ce genre que j'aie pu admirer sur les bords de l'Elbe.

Nous avions pour voisin plus immédiat encore, un jeune normalien, M. Lechat, pensionnaire de l'école d'Athènes en mission momentanée à Corfou. Il y commençait des fouilles qui avaient déjà amené la découverte de nombreuses statuettes de terre cuite, analogues à celles de Tanagra, mais d'une époque beaucoup plus ancienne.

La mission principale de l'école française d'Athènes est de rechercher les merveilles de l'art grec enfouies sous les ruines.

Mais on croit généralement que ces découvertes faites par des Français et avec l'argent du Trésor nous sont acquises. C'est une erreur ; les objets d'art trouvés appartiennent pour moitié au gouvernement hellénique, et pour moitié au propriétaire du sol qui les recouvre.

L'œuvre du chercheur français se réduit au rôle du Raton de la fable ; il tire les marrons du feu et son seul espoir est de pouvoir acheter, moyennant deniers comptants, les pièces de valeur que sa perspicacité ou sa chance ont amenées au jour.

Le gouvernement allemand, lui aussi, entretient à Athènes une école à laquelle il consacre de forts crédits :

Il a entrepris à Olympie des fouilles considérables, d'où sont déjà sortis des débris antiques de grande valeur.

Parallèlement, la France a obtenu la concession des fouilles de Delphes ; mais, comme toujours, cette autorisation a été donnée par le gouvernement grec, au prix de concessions douanières désavantageuses pour nous et les producteurs actuels de raisins de Corinthe ont lieu de se réjouir que sur les rives de la Seine habite un peuple plus généreux que réfléchi qui achète pour plusieurs millions chaque année le droit de remuer à la pioche les cendres de leurs aïeux.

Ceci soit dit sans le moindre sentiment d'irrévérence pour les antiquités artistiques de la Grèce ou de Corfou.

Mais il n'est que trop certain que lorsqu'on cherche à se renseigner sur le mérite de nos diplomates auprès des hommes politiques étrangers, on ne recueille généralement point sur eux des éloges sans mesure. Le plus maltraité est en ce moment l'ambassadeur de France en Allemagne.

Tous les amis de la France en Orient, Russes, Grecs ou Slaves, déplorent l'attitude humble et presque servile de M. Herbette vis-à-vis du prince de Bismarck. On redit avec des regrets amers les noms de MM. de Courcel et de Saint-Vallier, dont on se rappelle les allures indépendantes, et la fière dignité vis-à-vis des arrogantes prétentions de la grande chancellerie allemande, et nul n'a oublié l'ascendant qu'ils avaient su prendre sur la cour impériale.

La carrière diplomatique de M. Herbette est une de celles qui démontrent le mieux la puissance du hasard sur la destinée des hommes.

Quels eussent été le sort de la France et de l'Europe si Bonaparte, en 1797, avait trouvé la mort au Pont-d'Arcole ? Que serait aujourd'hui M. Herbette, si son étoile heureuse n'avait conduit ses pas, certain jour néfaste, sur le pont de la Concorde ?

C'était le 4 septembre 1870. La Chambre affolée venait de prononcer la déchéance de Napoléon III ; une foule innombrable inondait les abords du Palais-Bourbon, bousculant tout sur son passage. Un homme était entraîné dans le courant de cette tourbe hurlante : c'était Jules Favre. Jusqu'à lui se trouve poussé un jeune homme qui lui fait un rempart de son corps et l'aide à se dégager.

— Qui êtes vous ? lui demande l'avocat qui allait assumer la lourde responsabilité de représenter la France devant l'Europe.

— Simple employé au ministère des affaires étrangères.

Le lendemain, l'employé était nommé chef de cabinet du ministre et, quelques années plus tard, faisait créer pour lui un poste nouveau, celui de directeur du personnel au ministère des affaires étrangères, avec chefs de divisions, chefs de bureaux, employés, expéditionnaires, surnuméraires, etc. Total 300,000 fr. de plus à inscrire au budget de ce département.

Telle a été l'origine de la fortune diplomatique de M. Herbette.

*
* *

Corcyre est, comme on le sait, le nom grec de Corfou. Pendant cette période nébuleuse où l'histoire commence à se dessiner à travers les ombres de la mythologie, elle fut peuplée par les Phéaciens et donna asile au sage Ulysse qui, au retour du siège de

Troie, eut tant de mal à retrouver
l'île d'Ithaque où la fidèle Pénélope
lassait la patience de ses soupirants
avec sa légendaire tapisserie.

On montre dans une baie très voisine de la ville de Corfou un îlot minuscule tout hérissé de noirs cyprès
qui s'appelle indifféremment l'île d'Ulysse ou l'îlot des souris, sans que j'aie
pu découvrir quel rapport unissait ces
deux dénominations.

Et, à ce propos, un doute cruel m'assiège : l'île d'Ithaque est située droit
au sud et à quelques portées de canon
de Corcyre ; comment Ulysse qui était
un navigateur circonspect et attentif
a-t-il pu, au retour de Pergame, voguer
à côté de son royaume sans l'apercevoir, le dépasser et venir atterrir à Corfou ? C'est là un point d'interrogation
bien lourd sur la mémoire du héros
grec !

Plus tard, Corcyre devint une colonie de Corinthe, puis de Rome, puis fit
partie de l'Empire d'Orient. Les Normands de Robert Guiscard s'en emparèrent au XIe siècle, et les Vénitiens
au XIIIe. Ces derniers la gardèrent
pendant quatre cents ans et la couvrirent de monuments encore debout,
qui, tous, portent en écusson le célèbre
lion de St-Marc.

Lorsque, en 1797, Bonaparte mit fin à la République de Venise, ces îles furent réunies à la France. Les Russes les reprirent deux ans plus tard, sauf à les restituer à l'Empire Français en 1807 ; mais ce fut pour peu de temps; car l'Angleterre s'en empara la même année et les garda jusqu'en 1864, où elle les rétrocéda au jeune roi de Grèce qui considère à bon droit Corfou comme le joyau de sa couronne.

Pendant ce demi-siècle où ils l'occupèrent, les Anglais exécutèrent des travaux considérables dans cette grande île; et c'est aux excellentes routes dont ils l'ont sillonnée que l'on doit de pouvoir faire confortablement les excursions dont nous allons parler et qui font de Corfou un séjour enchanteur pour les amateurs de la belle nature.

A quelques kilomètres au sud de la Cité s'élève la villa où le roi Georges Ier fuyant les chaleurs torrides de l'Attique vient passer chaque année deux ou trois mois de l'été.

La demeure royale est fort simple, et le moins fastueux des financiers parisiens l'aurait bientôt mise à bas pour se construire un palais plus en rapport avec ses bénéfices; mais le parc est superbe et la vue incompa-

rable. Une végétation d'oliviers, de
cyprès, de magnolias, de palmiers et
de quantité d'autres essences, à moi
inconnues, ombrage les parterres
émaillés de fleurs et les terrasses sur-
plombant la mer.

Ce n'est ni l'unité du dessin, ni la
perfection de la tenue qu'on admirera
ici. Les architectes ne se sont point
efforcés d'y contrarier la nature; chaque arbuste n'est pas étiqueté, taillé et
frisé chaque matin, comme dans les
jardins de Monte-Carlo ; mais sur ce
sol accidenté, la variété est infinie ; à
chaque détour apparaissent des horizons imprévus, se dressent des arbres
à la frondaison puissante, s'ouvrent
des échappées sur la mer d'un azur intense et les cîmes neigeuses de l'Epire ;
çà et là, de délicieux réduits, entourés
de bosquets touffus, permettent aux
âmes rêveuses de s'abandonner, solitaires, aux fantaisies de leur imagination, car l'accès du parc royal est
libre, du moins à certains jours.

En fait d'âmes rêveuses, nous tom-
bâmes dans un de ces parterres sur
une douzaine de maîtres (sous-offi-
ciers) du *Vauban*, installés sur des
bancs avec des bouteilles, des vic-
tuailles, en un mot, tout ce qu'il faut
pour passer une joyeuse après-midi.

Le *Vauban* devait appareiller trois jours plus tard pour Toulon ; aussi ces braves gens, qui n'avaient pas revu la France depuis deux années, célébraient-ils leur satisfaction par des transports bruyamment expansifs.

La majeure partie de ces matelots étaient provençaux ou bretons. On sait que ces deux provinces sont l'inépuisable pépinière de la marine française et que les querelles entre les deux races sont traditionnelles. Ce serait même rendre un vrai service à M. Zola que de lui indiquer, pour pendant à la *Terre* un titre de roman qu'il intitulerait la *Mer*, où il mettrait en scène des matelots *Ponants* et *Mocos* (1). Quel choix d'expressions pittoresques et non moins épicées, à ajouter à son dictionnaire déjà si riche !

Mais ce jour là, heureusement pour nos oreilles, aucune discussion ne s'éleva. C'était un unisson touchant de chansons hurlées à tue-tête, entrecoupées de lazzis en patois marseillais et de calembours à faire

---

(1) Nom que l'on donne dans l'argot naval aux Bretons et aux Provençaux.

dresser les feuilles sur la tête des palmiers. Les rossignols eux-mêmes se taisaient, muets de surprise, devant ces saillies inusitées à la cour du roi des Hellènes.

Agréable rencontre que celle de ces fiers enfants de notre vieille France, retrouvés avec leur gaieté, leur esprit, leur insouciance, dans cette île enchanteresse à 600 lieues du sol de la patrie !

*
* *

Beaucoup plus longue est l'excursion de Paléocastrizza, la plus intéressante que l'on puisse faire dans l'île.

Paléocastrizza est un vieux couvent de moines grecs orthodoxes — mot, qui, pour nous catholiques, équivaut à celui de schismatiques — bâti sur un rocher sauvage à pic au-dessus de l'Adriatique.

On compte trente kilomètres de la Cité de Corfou à Paléocastrizza, et cette distance mesure la largeur de l'île de l'est à l'ouest dans sa plus petite section.

Au sortir de la ville, la route est bordée pendant quelques kilomètres par des haies infranchissables de cactus et d'aloès, hauts de 10 à 15 pieds.

Sans doute, la Providence avait prévu
qu'elle créerait l'homme des régions
ensoleillées plus pillard que labo-
rieux; aussi lui a-t-elle fait don pour
se défendre contre ses voisins de ces
deux arbustes, véritables fortifications naturelles contre les marau-
deurs entreprenants : mais elle a
totalement négligé de joindre l'agréable à l'utile et je ne connais pas de
végétation plus franchement laide,
toujours poudreuse et malpropre; en
outre, toutes les bêtes immondes de
la création, crapauds, lézards, ser-
pents, mulots s'y donnent rendez-
vous et y élisent domicile; aussi est-
ce avec un double plaisir qu'au bout
d'un kilomètre on entre, sans transi-
tion, dans la plus magnifique forêt
d'oliviers qui soit au monde.

Chacun connaît l'olivier de Provence, dont les premiers échantillons
apparaissent entre Valence et Monté-
limar, point de démarcation très net
entre la zone tempérée et la zone
chaude de la France.

On a vu là un pauvre petit arbris-
seau, haut comme une canne de tam-
bour-major, bossu, pâle, souffreteux,
la tête penchée vers le midi, sous les
raffales incessantes du mistral, portant des fruits clairsemés et chétifs,

dont le produit n'enrichit guère leurs propriétaires. A Corfou on trouve le même arbre haut de vingt-cinq mètres, au feuillage touffu, aux branches noueuses et puissantes, au tronc colossal, se livrant à des effets de torse d'une musculature effrayante, s'accrochant au sol par des racines difformes, semblables aux tentacules d'une pieuvre antédiluvienne.

Aux premiers oliviers que l'on aperçoit toutes les fictions de la mythologie grecque vous hantent l'imagination; on revoit cette vieille Baucis et le centenaire Philémon s'arcbouter sur leurs jarrets fourbus pour s'enlacer dans un dernier embrassement, et Jupiter bon enfant faisant pousser sur leurs têtes osseuses et de leurs doigts décharnés des rameaux vigoureux, une frondaison superbe et des fruits innombrables, récompense éternelle de leur fidélité sans accroc.

Les voyageurs qui ont vu les oliviers de Sousse ont pu se faire une idée de la splendeur de végétation à laquelle ces arbres peuvent parvenir quand ils trouvent à la fois chaleur, humidité et profondeur dans le sol: mais les oliviers de Corfou laissent bien loin derrière eux ceux de Tunisie. Il m'a paru cependant qu'aux environs de Sousse la culture de ces arbres était mieux entendue, la taille annuelle à laquelle on les soumet et les irrigations qu'on leur prodigue assurant une récolte plus abondante.

Après les oliviers, voici des vignes dont les rameaux couvrent le sol, auxquelles le phylloxéra et le mildiou sont encore inconnus, chargées de raisins en fleur et qui donneront dans quelques mois un vin noir et capiteux que mon ami Joseph Tardy, dans sa poétique description de Corfou, veut bien qualifier d'excellent, grâce à une fiction bienveillante de son imagination enthousiaste. Mais à le juger sans parti pris, le vin de Corfou est plus que médiocre; sa couleur gros bleu, son goût plat et douceâtre, qui indique une fermentation mal dirigée en font un liquide tout au plus apte à faire des coupages. Il n'en est pas de même, ainsi que nous le verrons, des vins de Xanthe et d'Ithaque et surtout du vin de Dalmatie, lesquels présentent une qualité bien supérieure.

La température de Corfou est sensiblement celle de la côte méditerranéenne. La chaleur y est toute fois moins forte que dans le Sahel Algérien. Presque partout, sauf sur le versant occidental de l'île, le sol est très riche et très profond ; mais l'avantage le plus précieux de ce coin de terre privilégié est la quantité de pluie que lui attire le voisinage des cîmes épiriotes, hautes de 2.500 à 3.000 mètres ; ces pluies durent pendant la fin de l'hiver et une partie du printemps et rendent le séjour de l'île assez désagréable pendant un ou deux mois, du 1er mars au 1er mai principalement.

D'assez nombreux villages parsèment la surface de l'île, dont la population s'élève à 110 ou 120 mille habitants.

Les maisons sont étroitement groupées sur les pentes des collines ; leur masse blanche, entourée d'une épaisse verdure, leur église catholique ou grecque, dont la flèche rappelle autant le minaret que le clocher, sont du plus séduisant effet.

Il semble que le bonheur habite ces asiles délicieux, où les neiges et les frimas sont inconnus et que des futaies superbes garantissent contre les ardeurs éblouissantes du soleil d'Orient.

Il serait impossible aujourd'hui d'assigner une origine ethnographique précise à la population aux costumes bigarrés qui habite Corfou.

Tant de peuples divers, tant de conquérants de toutes races ont tour à tour pris possession de l'île que les Corfiotes, actuellement sujets de Sa Majesté Georges Ier, présentent un mélange tout à fait hétéroclite de Grecs, d'Italiens, d'Orientaux et de Slaves.

Un exemple de ce métissage bizarre s'offrit fortuitement à nous ce même jour.

Nous cheminions en voiture découverte sur la belle route de Paléocastrizza : à chaque instant nous croisions des charrettes bondées de peaux de bouc pleines d'huile d'olive de la dernière récolte ; à évaluer le chargement de ces nombreux véhicules, attelés d'affreux petits chevaux du pays, osseux, ensellés, à la croupe avalée, au ventre volumineux, que les paysans conduisent journellement sur le marché de Corfou, on se fait une idée de l'énorme richesse que l'île doit à ses oliviers.

Aucun village n'est traversé par la route ; mais, de distance en distance, sur les bords du chemin s'élèvent de petites maisons, invariablement flanquées d'un hangar qui sert d'abri aux voitures et à leurs attelages ; ce sont pour la plupart des moulins à huile, moulins bien primitifs, qui rappellent ceux de Sousse ou de Sfax, dont un chameau au pas lent et solennel met en action les organes informes. Ici le chameau est inconnu; c'est le cheval, souvent même l'homme, qui sert de moteur.

Nous commencions à approcher du bandeau montagneux et aride qui borde l'île sur le versant de l'Adriatique. Tout d'un coup, un orage se forme au devant de nous; en quelques instants de lourds nuages noirs s'amassent sur nos têtes et crèvent en torrents de pluie et en un feu d'artifice étourdissant d'éclairs et de tonnerres..

Nous de chercher en toute hâte un asile dans la plus prochaine des chaumières voisines de la route.

Plusieurs hommes et une vieille femme étaient réunis là dans deux pièces privées de plancher, de plafond, de fenêtres et de meubles. Une seule ouverture y donnait accès; quelques menus objets et des denrées, épars sur des rayons graisseux, trahissaient vaguement chez le possesseur l'intention d'exercer le commerce d'épicier; la deuxième pièce, aussi nue que la première, possédait un four à pain. Pas un siège, pas une table, mais çà et là seulement quelques billots de bois recouverts de planches en travers. C'était aussi misérable que malpropre.

On nous reçut pourtant le plus cordialement du monde; mouillés jusqu'aux os, on alluma pour nous, dans un angle, un feu de bois vert et une fumée âcre se répandit dans tout le logis, rendant l'air irrespirable. Qu'importe, l'intention était louable. et chacun se multipliait pour sécher notre défroque.

Celui en qui nous distinguâmes bientôt le maître de céans était un jeune homme d'une vingtaine d'années, grand, élancé, d'allures distinguées, au masque flegmatique; il parlait le grec l'italien et l'anglais, et grâce à un petit Sicilien, fort déluré, que nous avions emmené de Corfou comme guide, nous pûmes converser couramment avec lui; il nous déclara ainsi sans plus d'embarras que de vanité que sa mère était grecque et habitait Corfou et son père anglais et avocat à Alexandrie.

Comment l'héritier de ce singulier ménage avait-il échoué dans cet antre dont le dernier des paysans auvergnats eût refusé de faire sa demeure ? Ce sont là des caprices dont le hasard, ce grand maître de la destinée humaine, est

coutumier en Orient, caprices dont la
réédition séculaire rend bien inutiles,
à mon humble avis, les recherches
des ethnographes sur les origines
des habitants de Corfou et de mille
autres lieux.

Enfin la pluie s'arrête, les nuages
se dissipent comme par enchantement :
et nous voici gravissant, sous un
soleil éblouissant, les rochers de Paléocastrizza.

Au sommet on se trouve brusquement à pic sur la mer bleue, qui lan-
cine de son éternel battement le pied
de la falaise, haute de 300 pieds, aux
arêtes tourmentées, laissant pénétrer
entre leurs promontoires aigus de
profondes coulées de flots azurés,
étroites comme des fiords, étincelantes
entre les rochers fauves.

L'un de ces promontoires se dresse
plus haut vers le ciel et s'élance plus
en avant dans la mer : c'est le rocher
de Paléocastrizza, sur lequel des religieux Grecs ont élevé, au XVᵉ siècle,
un petit monastère. Aujourd'hui encore
une dizaine de caloyers vivent là dans
la béatitude ineffable de la contemplation et dans les horreurs de la saleté
la plus immonde.

Là, pourrait-on l'affirmer, se sont
réfugiés des hommes marqués au

front d'un type franchement accusé, à
la fois sauvage et étrange, et qui semblent avoir conservé intacte la netteté
de lignes d'une race pure de tout mélange.

Ces ermites vous font visiter, avec
une obséquiosité grave, leur chapelle
ornée de ses vieilles madones noires,
images caractéristiques des sanctuaires orthodoxes; puis, silencieuse-
ment vous offrent une tasse de café à
l'orientale et acceptent, avec des re-
merciments muets mais expressifs,
l'obole que chaque voyageur remet
entre leurs mains.

Ainsi s'achève cette visite, sans
qu'une seule parole vienne troubler le
silence mélancolique du rocher de Paléocastrizza.

Au retour de cette longue excursion,
nous rentrons dans la fourmilière de
la cité. Il est 6 heures; c'est le moment
où toute la population de la ville se
donne rendez-vous sur l'Esplanade.

Plusieurs fois par semaine, la musique d'un régiment grec y exécute,
médiocrement d'ailleurs, le répertoire
habituel des musiques militaires du
monde entier: Faust, Rigoletto, les
Huguenots ou Carmen, et de plus
maint passage d'un opéra très en vo-
gue en Grèce parce qu'il est l'œuvre

d'un Corfiote ; l'opéra se nomme *Flor mirabilis* et il serait malséant, à Corfou, d'insinuer que ce n'est pas un chef-d'œuvre.

La promenade du soir sur l'Esplanade est une distraction quotidienne dont aucun Levantin ne saurait se passer. Le voyageur qui veut observer les types, les costumes, les mœurs des habitants ne doit pas manquer de se mêler à ces péripatéticiens modernes.

La société corfiote est, ma foi, très élégante, et on se croirait transporté plutôt dans une grande ville de province française que dans une île grecque ; les femmes sont mises avec recherche et les modes de Paris copiées avec assez de bonheur par les couturières du cru, que des droits de douane exorbitants protègent contre leurs concurrentes de Paris.

À côté de ces promeneurs, qui représentent le hig-life hellénique, circulent le plus naturellement du monde des types aussi divers que curieux ; des officiers grecs à la tenue assez correcte, des marins français, hardis et narquois, faisant contraste avec les matelots et les fantassins anglais, ces derniers sanglés dans leur tunique rouge, gourmés et raides, la jugulaire de leur *cap* au menton, et la courte badine à la main, puis des Albanais gigantesques, les jambes nues, vêtus de la fustanelle ou jupe blanche, qui les fait ressembler de loin à des ballerines colosses ; des Turcs enturbannés, des Dalmates aux vestes brodées sur toutes les coutures, et des femmes corfiotes habillées de costumes de couleur éclatante, couvertes de lourds bijoux d'or qu'elles se transmettent de génération en génération.

Ce panorama se déroule ainsi chaque jour de 6 heures à 9 heures du soir ; à ce moment chacun regagne ses pénates, soupe légèrement et s'endort en paix, heureux de penser qu'il pourra recommencer le lendemain la promenade interrompue par la nuit.

A quelques lieues au midi de la cité de Corfou, sur une éminence qui domine de plus de cent cinquante mètres le détroit albanais, s'élève une villa modeste, ombragée d'arbres séculaires d'où l'on jouit du plus splendide point de vue sur l'île, la mer et les glaciers de l'Epire.

C'est là que l'impératrice d'Autriche fuyant les pompes et l'étiquette de la cour de Vienne vient plusieurs mois chaque année chercher le calme, la rêverie et la solitude.

Tout dans cette femme est étrange
et extraordinaire ; sa beauté prover-
biale, sa taille encore superbe, son caractère fier et aventureux, son genre de
vie mouvementé, sa bienfaisance inépuisable en font une personnalité tout
à fait à part au milieu des têtes cou-
ronnées de notre époque.

On sait quel était le goût de l'impératrice Elisabeth pour l'équitation ;
courir le cerf et le loup, en Ecosse ou
en Hongrie, dompter les chevaux les
plus fougueux, étaient ses passe-temps
préférés ; chez elle, comme chez la plupart des rejetons de la famille royale
de Bavière, les goûts dégénèrent en
monomanies et sa liaison singulière
avec telle écuyère célèbre a longtemps
effarouché la dignité prude des
cours.

Aujourd'hui, l'exercice du cheval est,
pour raison de santé, absolument interdit à l'impératrice ; aux chevau-
chées d'autrefois elle fait succéder des
courses à pied interminables : du matin au soir elle lasse dans les chemins
ombreux de Corfou les dames de sa
maison ou les personnages appelés à
l'accompagner. Souvent même on la
rencontre seule, et l'impératrice et
reine ne dédaigne pas de converser
avec les passants ou de pénétrer, pour

le secourir dans la chaumière du pauvre.

Gastouri est le nom de cette petite villa qui va bientôt disparaître; car une armée d'entrepreneurs, de maçons et de terrassiers est occupée à construire en ce lieu un palais en style pompéien et à dessiner un parc entouré de murs ou de haies vives.

Sans doute cette nouvelle demeure sera plus digne de l'illustre étrangère, mais que de poésie et de charme touchant vont disparaître avec ce petit ermitage où la puissante impératrice venait oublier sa grandeur et pleurer ses maternelles infortunes.

Non loin de là se cache le coquet village de Gastouri, où nous fûmes frappés de la beauté des fillettes aux yeux noirs, au profil pur, à la taille svelte et gracieuse se pressant, curieuses, autour des voitures qui promènent les étrangers : nous apprîmes, seulement au retour, que Gastouri passe pour avoir conservé intact de tout mélange le type grec ancien. On ne le retrouve aussi nettement, parait-il, que dans de bien rares villages du royaume hellénique.

Un platane monstrueux, près duquel murmure une source limpide, ombrage la petite place de Gastouri.

Son souvenir resterait dans notre
mémoire comme celui du plus gros
arbre que nous ayions jamais vu, s'il
n'avait été effacé, quelques jours plus
tard, par la vue des platanes gigantesques de Canossa, près de Raguse.

Ce fut là la dernière promenade que
nous fîmes dans l'île de Corfou. Le
même jour, nous contemplâmes le
départ majestueux du *Vauban* et du
Seignelay, accompagnés par les regrets de la colonie française, qui allait
perdre pour longtemps, pour toujours
peut-être, des compatriotes, des amis
d'une année.

Du rivage on entendait les sifflets de
commandement des officiers, l'on
voyait les matelots agiles, exécutant
les ordres, et les lourdes carènes s'é-
branlaient lentement sous l'impulsion
de leurs puissantes hélices.

Les canons anglais de l'*Edimbourg*
et l'artillerie grecque de la forteresse
corfiote saluaient de leurs salves le
départ des cuirassés français.

Debout sur le balcon de la dunette
du *Vauban*, l'amiral Olry regardait
impassible s'éloigner cette terre amie,
d'où le ministre de la marine rappelait l'escadre française. Autour de
nous, la foule répétait avec reconnaissance, que l'amiral, au moment du

départ, avait remis cinq cents francs pour les pauvres, à la municipalité de Corfou ; générosité toute personnelle, que la fortune immense de l'amiral Olry lui permet de renouveler, pour le plus grand honneur du pavillon français, dans toutes les villes où mouille son escadre.

Tandis que les cuirassés français s'éloignaient du côté du sud, on voyait poindre au nord une légère fumée au-dessus des flots, et deux heures plus tard, le *Sultan*, vapeur de la Compagnie du Lloyd Austro-Hongrois faisait son entrée dans la rade. C'est sur ce tranquille petit steamer de 800 tonneaux que nous devions nous embarquer le lendemain matin, à 6 heures, pour Cattaro.

III

DE CORFOU A CATTARO

Le *Sultan* et ses passagers. — Héraclite et Démocrite. — Escales turques. — Illusions évanouies. — Russes et Autrichiens. — Les peuples de la Péninsule.

Le service maritime des côtes de la Dalmatie, de l'Albanie et de la Grèce occidentale est à peu près monopolisé par cette grande société du Lloyd, la seule que possède l'Autriche et qui ne vit d'ailleurs que grâce à une forte subvention du gouvernement.

Le Lloyd, dont le siège est à Trieste, dessert, outre les rives de l'Adriatique, la Grèce, la mer Noire, les Echelles du Levant, les Indes et l'Extrême-Orient. Ses bateaux sont assez confortables ; le personnel y est d'une politesse et d'une prévenance parfaites, mais la vitesse laisse beaucoup à désirer.

Les équipages du Lloyd sont presque exclusivement composés de Dalmates des côtes illyrienne et istrienne ou des îles de l'Adriatique; tous parlent italien, et un petit nombre entend l'allemand; les officiers parlent couramment ces deux langues, et un grand nombre aussi le français, mais tous les commandements se font en italien.

A part le langage, il n'existe d'ailleurs aucun point de ressemblance entre les excellents marins du Lloyd et les matelots italiens. Bien au contraire, la grande compagnie autrichienne n'a pas de plus féroce ennemie que la Société italienne Florio-Rubattino. La flotte cette dernière l'emporte peut-être sur sa concurrente austro-hongroise pour le nombre et la vitesse des navires, mais tous les voyageurs reconnaissent avec une unanimité parfaite qu'elle entretient ses paquebots dans un état de propreté tout italienne, et que la table est au niveau du service.

La malveillance envers le Lloyd est telle en Italie que toute affiche, tous renseignements, toute indication dans les livrets officiels, relatifs à

cette société sont rigoureusement
bannis.

Et tandis que l'on trouve étalés partout les horaires des Compagnies européennes, du nord au sud de la
Péninsule, il me fut impossible de me
renseigner sur les jours de départ
du Lloyd de Brindisi à Corfou.

Il faut bien croire que les agences
italiennes ont des instructions à cet
égard, car partout où j'ai sollicité ce
renseignement de leurs employés, ils
m'ont répondu ne pas connaître cette
Société, sur un ton spécial qu'en français libre nous appelons le ton du
monsieur *qui fait la bête.*

Plus nous avancerons sur l'Adriatique, plus nous nous apercevrons de
cette hostilité sourde qui règne entre
Autrichiens et Italiens ; l'alliance politique qui les unit est un de ces ma-
riages forcés, dont le chancelier de
l'empire allemand a été le courtier in-
téressé et qui pourrait bien, dans un
avenir peu éloigné, se résoudre par
un divorce.

**

La traversée de Corfou à Cattaro
demande 62 heures, bien que la distance à franchir ne soit que de 250

milles, soit 460 kilomètres environ, ce qui représente la vitesse infiniment modeste de 4 milles à l'heure. Il est juste d'ajouter que les escales sont nombreuses et que dans certaines d'entre elles, on stationne à l'ancre, en pleine rade, quatre, cinq et même sept heures.

L'Adriatique est une mer qui a fort mauvaise réputation. La partie septentrionale surtout, encombrée d'îles et de récifs, exposée, automne et hiver, aux rafales épouvantables de la *Bora* ou au souffle brûlant du *Siroco*, est un des parages les plus redoutés des navigateurs.

Mais à l'époque où nous entreprenions notre voyage, c'est-à-dire entre mai et juin, il est rare qu'on ressente à bord des navires qui sillonnent l'Adriatique d'autre inconvénient que les ardeurs d'un soleil éblouissant, heureusement tempérées parfois par une brise qui ondule faiblement l'azur profond de la mer.

Jusqu'à la fin de mai cependant, les pluies sont encore à redouter ; alors un ciel gris et bas plombe les flots, une brume épaisse rembrunit la côte monotone et désolée. La patience est plus nécessaire alors que le courage, et la mélancolie plus à craindre que le mal de mer.

Partis de Corfou le jeudi 23 mai à six heures du matin, nous nous aperçûmes avec étonnement que nous n'étions à bord que trois passagers de 1re classe. Notre unique compagnon de route était un Autrichien fort instruit et très aimable, qui rentrait à Vienne après un séjour à Corfou, nécessité par une santé assez compromise. Nature délicate et d'une sensibilité maladive, M. K... était atteint de cette disposition d'esprit qui ne laisse voir en toutes choses que le mauvais côté ; il s'indignait là où un autre se fût fâché, s'apitoyait sur le sort du genre humain en général, et, au rebours de Figaro, se hâtait de pleurer sur tout, parce qu'il était contraire à sa nature d'en rire.

Le capitaine du *Sultan* était un tout autre homme ; haut en couleur, bon vivant, joyeux compère et célibataire endurci ; jamais monarque en son royaume ne se trouva plus heureux que lui à la tête de son navire. Il avait fait maintes fois le tour du monde et en avait rapporté une collection précieuse d'anecdotes amusantes dont il nous faisait part sans la moindre avarice. Quant aux souvenirs tristes, aux évènements tragiques qu'il avait traversés, aucun d'eux n'avait pu se loger dans sa mémoire.

Un hasard capricieux nous donnait ainsi comme compagnons pour trois longues journées Héraclite et Démocrite.

Une heure aprè savoir quitté Corfou, nous jetions l'ancre dans la baie turque de *Santi Quaranti*, hameau composé de cinq maisons dont l'une est la douane ottomane, une autre l'agence du Lloyd et la poste. A côté se dresse en amphithéâtre la carcasse d'une petite ville romaine, dont on voit encore distinctement les fortifications, les rues et les maisons effondrées. Cette ville était le point terminus d'une voie romaine qui traversait la péninsule balkanique et se dirigeait sur Byzance ; faisant ainsi concurrence à celle qui aboutissait plus au nord à Durazzo *(Dyracchium)*.

Aujourd'hui Santi-Quaranti — et c'est la seule raison d'exister de cette escale — est la tête de route qui conduit à Janina, résidence d'un pacha turc et de plusieurs consuls européens. Par route on entend, en Turquie, une piste sur laquelle un cheval ou un mulet peuvent s'aventurer sans trop de peine et où l'on doit se faire accompagner par une escorte dont il est nécessaire, au préalable, d'obtenir l'envoi par des démarches aussi longues que dispendieuses.

Il est impossible, quand on ne l'a pas vu, de s'imaginer ce qu'est l'administration turque : les voyageurs qui ont visité Constantinople ou les Echelles du Levant n'en ont même qu'une idée fort incomplète, parce que ces villes sont peuplées d'Européens qui ont suppléé de leur propre initiative à l'incurie totale du gouvernement ottoman.

Ceux qui seraient portés à croire à l'existence d'une administration quelconque dans les provinces soumises à la Sublime Porte sont vite détrompés quand ils ont mis le pied sur un point quelconque de la côte. Pas de ports, pas de routes, pas de chemins de fer, pas d'édifices publics ou hospitaliers. Tout le rouage administratif se réduit à un gouverneur ayant pour mission de tyranniser ses subordonnés et de prélever sur eux des impôts par un procédé aussi élémentaire que profitable pour lui et les siens. Reçoit-il du Sultan l'ordre de percevoir une somme d'un million, par exemple : il en demande aussitôt deux à ses administrés, les agents subalternes en exigent trois et ainsi de suite jusqu'au bas de l'échelle. En fin de compte, le sultan recevra péniblement son pauvre mil-

tion proportionnée à ses mérites.

Il ne faut pas, en effet, se dissimuler que dans la guerre plus ou moins prochaine qui ensanglantera l'Europe, et où la carte politique du monde sera modifiée dans un sens que personne ne saurait prévoir, l'appoint des forces turques ne sera nullement à dédaigner. Se tourneront-elles du côté de la triple alliance, conformément aux efforts inouïs de la diplomatie allemande à Constantinople, ou s'allieront-elles à la Russie en haine de l'Autriche qui considère toute la presqu'île des Balkans comme son futur domaine? C'est là une des questions les plus discutées de la politique contemporaine.

Le rivage d'Epire que nous longions, à quelques centaines de mètres de distance, est une côte sauvage, aride, abrupte et déserte. Il serait difficile de trouver un paysage plus morne et plus désolé. De distance en distance, quelques vallons où un peu de terre végétale s'est amassée, se tapissent de vergers d'oliviers ou montrent des pâturages fréquentés par des troupeaux de moutons. Ce sont là les seules ressources de cette région fort peu habitée, derrière laquelle se dresse un épais massif de montagnes dont quelques unes atteignent jusqu'à 3,000 mètres.

Parfois une vallée plus importante s'ouvre entre les crêtes rocailleuses, donnant passage à un torrent qui vomit au devant de lui un delta marécageux. Une végétation touffue recouvre ces alluvions que personne ne songe à cultiver, repaires incontestés de miasmes paludéens redoutables.

Telle est la configuration générale de la côte orientale de l'Adriatique. Ainsi que je l'ai dit, elle forme le contraste le plus frappant avec la grève basse et sablonneuse du littoral italien.

Vers 6 heures du soir, nous arrivâmes à *Valona* où le navire jeta l'ancre en face des atterrissements de la Vojusta. Sur le rivage on ne compte que deux ou trois maisons, mais on voit à quelques kilomètres en arrière les toits et les minarets de Valona, qui compte 6,000 habitants, et qui est, somme toute, la ville turque la plus importante de toute la côte.

A chaque escale du paquebot un canot, monté par le second du bord, va échanger la poste; pendant ce temps d'autres barques abordent le navire et une nuée d'indigènes albanais se répandent sur le pont.

Je me souviens d'avoir lu dans mon

enfance une histoire merveilleuse de
héros albanais soulevés à la voix de
Scanderbeg pour défendre, contre les
infidèles, leur religion et leur patrie.

On y voyait des guerriers de haute
stature, au cœur fier et généreux, iné-
branlables dans leur croyance, que les
sentiments les plus magnanimes en-
flammaient d'une irrésistible ardeur.
Ce récit, comme tous les souvenirs d'enfance, était resté fortemement gravé
dans ma mémoire, et les Albanais
m'apparaissaient encore entourés
d'une auréole de bravoure et de loyauté,
lorsque je vis envahir le *Sultan* par les
bateliers de Valona, venus pour embarquer quelques compatriotes et débarquer des marchandises.

Une dizaine de sauvages hâves,
puants, couverts de haillons ignobles,
à la figure bestiale, hurlant des cris
gutturaux, se bousculant avec des
gestes de cannibales; tels s'offraient à
nous les petits-fils de mes héros. Le
pauvre M. K. en était écœuré, tandis
que le capitaine et les matelots les
rappelaient à une meilleure tenue en
termes appropriés aux personnages.

Une illusion de plus se détachait de
mon imagination désabusée.

Ce sont bien en effet des brigands,
et des brigands de la pire espèce que

les Albanais, descendants de Scanderbeg, ~~qui~~ habitent les montagnes de
l'Epire. Le vol, les rapines et les assas-
sinats sont leur gagne-pain ordinaire,
toutes opérations qu'ils accomplissent
avec une incorrection révoltante, ne
vous donnant jamais le choix entre le
déplaisir d'être volé et le désagrément
d'être occis.

Un Albanais voit briller une chaîne
de montre à la ceinture d'un voyageur,
il l'affûte comme un lapin et l'abat
d'un coup de fusil; en dépouillant sa
victime, il s'aperçoit que la chaîne d'or
n'est que du doublé : « Coquin de sort,
s'écrie-t-il, avec un juron national,
voilà une cartouche perdue ! »

Il se comprend sans peine que des
gaillards imbus de semblables prin-
cipes et habitant des montagnes inaccessibles, dont eux seuls connaissent les passages et les retraites, ne
soient soumis à la Turquie que d'une
façon purement nominale. C'est, d'ailleurs, pour cette raison que le gouvernement ottoman interdit aux Européens sans escorte l'accès de cette région. Qu'un crime soit commis, et le cas
n'est que trop fréquent, voilà la diplomatie qui entre en scène, exigeant
une réparation proportionnée au méfait, et la pauvre Porte bien embarras-

sée, puisqu'elle ne peut pas plus atteindre les coupables que prévenir la
récidive.

Ces Albanais, qui se conduisent si
mal avec les voyageurs, donnent aussi
beaucoup de tracas aux ethnographes.
On croit reconnaître en eux une race
à part ; on les suppose volontiers originaires de la région caucasienne ;
mais ces notions sont aussi vagues
que controversées, et ce n'est certes
pas leur langage qui peut donner
le moindre éclaircissement sur leur
ascendance. A vouloir rechercher les
parentés de cette langue, tous les
philologues ont jusqu'ici donné la leur
au chat ; ce langage ne tient ni du
grec, ni du turc, ni du slave, ni du
hongrois ; peut-être faudrait-il chercher dans l'Asie centrale un idiome se
rapprochant de l'Albanais. Jusqu'au
commencement de ce siècle, cette
langue ne s'écrivait pas ; je crois
savoir que depuis lors, elle se transcrit
en caractères turcs.

Les Albanais sont en majorité mu-
sulmans ; mais la religion n'affecte pas
chez eux le degré de fanatisme habituel aux fidèles de l'Islam : ils sont,
par nature, plus guerriers que religieux ; « là où est l'épée là est la foi »
disent-ils avec un cynisme inconnu

chez les vrais fils de Mahomet.

Au milieu des montagnes les plus abruptes de l'Albanie vit une tribu qui a fidèlement conservé les traditions de la foi romaine : les Myrdites. Bien que la religion catholique n'ait que fort peu modifié leurs mœurs cruelles et sauvages, on raconte que la seule qualité de chrétien assure à ceux qui la visitent une hospitalité aussi généreuse que primitive.

D'ailleurs les populations de l'intérieur ne ressemblent pas physiquement à celles de la côte; tandis que ces dernières forment un mélange indéfinissable des races les plus diverses, les rares visiteurs qui pénètrent jusqu'au centre de cette région parlent avec admiration de la magnifique stature des terribles montagnards qui l'habitent.

Le paquebot semble ne pouvoir s'éloigner qu'avec regret d'un rivage aussi hospitalier. Arrivés à Valona à 6 heures, nous n'en repartons qu'à minuit; le capitaine nous explique que les écueils, les coups de vent, les bas fonds si fréquents sur cette côte et le défaut de phares pour éclairer la route obligent les navires à ne mouiller au nord, dans la baie de Durazzo, qu'à la lumière du jour.

Nous jetâmes donc l'ancre vers 8 heures du matin dans cette rade célèbre depuis tant de siècles.

On sait que Durazzo, l'*Epidamnos* des Grecs, le *Dyracchium* des Romains, était le point de transit le plus important entre Rome et l'Orient. Depuis le jour où sa possession causa la guerre du Péloponèse jusqu'à l'époque actuelle, elle fut successivement la proie des conquérants de tous les siècles. Les Romains, les empereurs grecs, les Normands de Robert Guiscard, les Vénitiens et enfin les Turcs s'en emparèrent tour à tour. Ces derniers l'occupent encore aujourd'hui. Combien d'années encore le Croissant restera-t-il debout sur les débris de cette antique cité, qui n'est plus aujourd'hui qu'une pauvre bourgade de 1800 habitants? Assurément la rade et la ville de Durazzo seront des premières à tomber aux mains des peuples européens dans leur marche ininterrompue vers l'Orient.

Cette immense péninsule balkanique, qui a été si souvent le théâtre des luttes entre l'Orient et l'Occident, dans laquelle nous retrouvons les noms classiques de Pharsale, d'Actium et de Kossowo, frémira encore un jour sous le choc épouvantable des nations modernes qui convoitent sa possession. Les armées européennes se rencontreront dans les champs où César écrasa Pompée, et les cuirassés russes, anglais ou autrichiens se retrouveront dans ces eaux ioniennes où les galères d'Octave anéantirent les innombrables vaisseaux de la flotte d'Antoine et de Cléopâtre.

Plus nous avancerons dans ces régions brûlantes où les Slaves s'agitent avec une énergie croissante d'une part contre le despotisme turc de l'autre contre la domination autrichienne; plus nous verrons combien est imminente l'étincelle qui doit allumer le formidable incendie.

****

Lorsque le *Sultan* jeta ses ancres dans la rade de Durazzo, à un kilomètre environ de la côte, une pluie solidement établie régnait sur tous les points de l'horizon, et il ne fallait guère compter sur le retour du beau temps avant l'expiration des cinq heures d'arrêt aux quelles nous étions condamnés ; je me décidai donc à descendre à terre seul avec le second du paquebot, chargé d'assurer le service de la poste.

Quand le soleil luit sur une ville turque, il éclaire un séjour d'une incomparable malpropreté; mais quand par hasard cette ville est visitée par la pluie, ce qu'on voit alors défie toute description. Les rues sont autant de cloaques immondes, où s'étale une boue noirâtre; des individus de tout âge, de tout sexe grouillent misérablement à travers ces immondices.

Les culottes bouffantes ou les fustanelles autrefois blanches des hommes se collent à leurs jambes mouillées et, des pieds à la tête, ces malheureux semblent avoir été crépis de plusieurs couches de crotte semi-fluide; les femmes, qui sortent ici le visage découvert, sont affublées de costumes informes de couleurs voyantes, pitoyablement ternis; elles marchent nu-pieds ou traînent des sandales, sans talon, qui clapotent lamentablement dans la fange.

Tous reçoivent ainsi la pluie stoïquement et enfoncent dans la crotte sans sourciller; nul ne songe à se garantir de l'une, ni de l'autre. J'ai pourtant compté sur mon parcours trois parapluies, mais ces instruments de grand luxe me parurent aux mains de fashionnables qui constituaient, je suppose, la colonie étrangère ou les hautes autorités.

Dans toute ville turque, il y a un bazar, dans ce bazar des marchandises de tous pays, dans un état de désordre et de saleté graisseuse où l'on a peine à reconnaître la marque de fabrique anglaise, allemande ou française; il y a abondance de boutiques de bouchers, d'épiciers et de boulangers, dont les produits soulèveraient le cœur d'un Tanner à son trentième jour de jeûne.

Dès qu'un étranger est signalé, il devient la proie de quelque juif qui l'entraîne dans un réduit sordide, pour lui vendre des armes albanaises, seul bibelot du pays. On converse avec lui tant bien que mal en italien; certaines de ces armes ont des ciselures assez fines; il va sans dire qu'on vous en demande des prix exorbitants. L'unité de monnaie — coutume singulière — est toujours ici le *napoléon*; une paire de pistolets vous est offerte couramment pour dix napoléons; offrez-en le tiers et les objets vous sont aussitôt adjugés, ce qui ne prouvera pas que vous ayez fait une bonne affaire.

En avançant toujours, on rencontre une première enceinte; l'enceinte tur-

que, dans laquelle sont encastrés
beaucoup de fragments de sculpture
romaine, quelques-unes d'un fini remarquable ; on se souvient alors du
séjour que fit ici Cicéron, exilé de
Rome, lequel dit quelque part dans
ses lettres qu'il réside à Dyracchium
« ville libre, agréable et voisine de
l'Italie ; » ce qui prouve que tout change
en ce bas monde.

Beaucoup plus étendue était l'enceinte byzantine, dont les débris attes-
tent l'importance de la ville avant l'invasion turque. Quant aux fortifications
romaines, qui embrassaient une surface plus grande encore, les dévastations successives n'en ont laissé sub-
sister aucune trace.

Près de la mer s'élève une antique
église, transformée en mosquée surmontée d'un minaret. J'entends tomber de là haut les accents d'une voix
nasillarde ; en levant la tête j'aperçois
la tête du muezzin, impassible sous
les rafales de la pluie et appelant les
fidèles à la prière.

Les chrétiens ont remplacé par des
cloches ce pieux personnage. Si les
sonneries à toute volée portent plus
loin, et remplissent l'âme de sentiments
plus joyeux, il faut avouer que l'appel
du muezzin a quelque chose de

plus grave et de plus solennel.

Enfin nous quittons Durazzo ; le navire reprend sa course vers le nord et la pluie qui continue nous force à nous enfermer dans le rouff ou salon. Ce dernier donne sur les cabines et n'est éclairé que par le haut ; nous nous y trouvons donc emprisonnés comme dans une bastille flottante. Ce fut là la journée la plus mortellement ennuyeuse de notre voyage. La bibliothèque du bord, qui contenait par bonheur quelques romans français, fut mise par nous à forte contribution.

De temps en temps, le capitaine, quittant sa passerelle, venait nous dérider par quelque bonne histoire. Cet aimable officier avait le don de rasséréner en un clin d'œil le mélancolique M. K.

La conversation tombait alors sur les sujets les plus variés : la politique souvent s'y mêlait, particulièrement la politique française ; car de même que notre langue pénètre partout, de même aussi notre politique funambulesque défraie les conversations et les journaux de tous les pays civilisés auxquels elle cause, on peut le croire, plus d'étonnement que d'admiration.

Le nom du général Boulanger(1) fut souvent prononcé dans les entretiens auxquels j'eus l'occasion d'assister pendant mon voyage ; il le fut toujours avec une irrévérence peu flatteuse. Hors de France, on n'a jamais compris cette popularité bruyante qui ne s'appuie, ni sur le mérite militaire, ni sur les services rendus, ni sur l'estime publique.

Les étrangers qui ont l'esprit moins prompt, mais la mémoire plus longue que nous, me redisaient encore, en juin 1889, l'impression de dégoût qu'ils éprouvaient vis à vis de ce général français pour le reniement public de ses lettres au duc d'Aumale. Chez les peuples monarchistes auprès desquels le prestige des familles royales est immense, et où le duc d'Aumale passe à juste titre pour une des personnalités les plus éminentes de notre époque, la conduite du général Boulanger à l'égard du fils de Louis-Philippe, son ancien chef, a paru une monstruosité, et ils n'excuseront jamais les républicains de lui avoir alors donné quitus de ses mensonges ; mais ils com-

____

(1) Il n'est pas inutile de rappeler que ceci a paru dans l'*Express* au mois d'août 1889.

prennent encore moins que le parti
conservateur ait ramassé ce politicien
abandonné trop tard par ceux qui l'a-
vaient mis en scène, et repris pour son
compte le soin de replâtrer cette renommée malsaine.

N'ayant point à venger l'honneur
des radicaux, je m'efforçais du
moins de défendre les monarchistes,
mais je tentais en vain de démontrer
à mes interlocuteurs qu'il n'y avait
pas alliance entre les boulangistes et
les conservateurs, qu'ils devaient les
considérer comme deux armées évo-
luant parallèlement contre un ennemi commun, à déloger à tout prix,
que Boulanger était entre les mains
des conservateurs une catapulte dont
on ferait un feu de joie après l'assaut;
que dans un autre ordre d'idées, le
boulangisme, régime hybride arrivant momentanément au pouvoir,
serait le vestibule, et que la monarchie constitutionnelle serait plus
tard le salon réservé à la France; ces
métaphores, tirées de l'architecture ou
de l'art militaire, ne portaient pas: des
nuances aussi subtiles leur échap-
paient, et je m'attirais généralement
des réponses dans le genre de celles-
ci :

« Le parti conservateur français

jouit de toute notre estime, et nous croyons fermement que c'est en son sein que se trouvent chez vous les hommes politiques, les diplomates, les administrateurs capables de bien gouverner votre pays, c'est-à-dire autrement qu'il ne l'est; mais la fraction importante et influente des conservateurs, qui semble faire cause commune avec Boulanger et sa bande, est bien près de compromettre le bon renom politique et moral du parti tout entier. Nous comprenons toute votre colère contre les gouvernants actuels de la France, mais la colère est mauvaise conseillère quand elle n'est pas guidée par le sang-froid. »

Si j'ai cru devoir reproduire ici les observations que l'on a pu lire sur Boulanger et le boulangisme, c'est que ces observations m'ont frappé par leur universalité et par la diversité des personnages, autrichiens, anglais ou slaves qui me les ont faites.

Les sentiments malveillants de mes interlocuteurs étrangers contre Boulanger étaient vigoureusement corroborés par la menace de guerre européenne qui s'attache à son nom. C'est une conviction universelle hors de France qu'aussitôt au pouvoir, le général déclarerait la guerre à l'empire d'Al-

7

lemagne et qu'une conflagration européenne s'en suivrait. L'attitude de l'ancien ministre de la guerre en 1887 n'est pas sans donner un certain fondement à cette opinion. Bien perspicace serait le politique qui pourrait affirmer que telles sont encore les velléités du général révolté, mais les étrangers, moins versatiles que nous, ont beaucoup de peine à se représenter l'homme qui personnifiait, il y a deux ans, la revanche quand même, montant bientôt au pouvoir, porteur des attributs de la paix, alors qu'il aura besoin de consolider par un coup d'éclat ou un coup de tête une autorité assise sur la plus fragile des équivoques.

Nul ne pourrait dire quelles augmentations dans les budgets, combien de cuirassés nouveaux dans les rades, de canons dans les arsenaux et de recrues dans les armées de l'Europe, sont dues aux acclamations irréfléchies que la France a prodiguées depuis trois années à ce simulacre de grand homme.

*
* *

Au-delà de Durazzo, le paquebot ne rencontre plus qu'une escale turque, le mauvais petit port de *St-Jean-de-Médua*, qui compte en tout cinq maisons, et d'où l'on peut se rendre en quelques heures de mulet à Scutari d'Albanie, ville de 25.000 habitants, située sur le lac de ce nom.

A partir de St-Jean-de-Médua, la côte, qui avait conservé jusque là la direction sud-nord, s'infléchit nettement pour suivre, jusqu'au fond de l'Adriatique, une ligne presque constante du sud-est au nord-ouest; en même temps, toutes les chaînes de montagnes ou de collines, toutes les terres rocheuses, qui forment des îles ou des écueils, suivent des directions parallèles à cette ligne côtière, conformation orographique qui donne à toute la Dalmatie et à l'archipel Illyrien un caractère géographique très facile à saisir, même sur les Atlas les plus élémentaires.

Au milieu de la nuit, nous relâchons encore à *Dulcigno*, pauvre village qui ne s'attendait point à l'excès d'honneur dont il fut comblé en 1880.

C'est à Dulcigno en effet que les puissances européennes, signataires du traité de Berlin, firent cette fameuse démonstration navale qui contraignit la Porte à céder au Monténégro non seulement ce port médiocre,

voisin de l'embouchure de la Bojana
par où s'écoule le lac de Scutari, mais
encore la rade d'Antivari ; en tout une
cinquantaine de kilomètres de côtes.

Jusqu'à cette époque, ce pauvre
petit Monténégro — en slave Tsernagore — dont nous parlerons longuement plus loin, était dépourvu de
tout débouché sur la mer.

La Dalmatie autrichienne et l'Albanie turque se rejoignaient entre Antivari et Spizza, occupant ainsi sur la
côte une bande de terre, qui formait
entre le Monténégro et l'Adriatique,
une barrière infranchissable.

L'énergique appui que ce petit état
donna pendant la guerre russo-turque
aux vainqueurs de Plewna, lui valut,
à la conclusion de la paix, ces quelques lieues de côtes si longtemps con-
voitées.

Nous mouillâmes dans la rade d'Antivari, le troisième jour de notre traversée, vers six heures du matin. Un
soleil étincelant succédait à la pluie
de la veille et illuminait de ses rayons
dorés les rochers qui abritent cette
baie.

Antivari, vieille ville vénitienne,
puis turque, est situé à une quinzaine
de kilomètres de la mer, sur un plateau assez élevé. Sur les bords de la

rade, on ne voit que quelques maisons, parmi lesquelles se distingue la demeure de l'archevêque catholique de la Tsernagore et une grande villa récemment construite appartenant au prince de Monténégro.

Mais il n'est pas nécessaire d'être un profond stratégiste pour apprécier l'importance capitale de la rade d'Antivari au point de vue naval. Située presque au milieu de l'Adriatique, parfaitement sûre, à proximité des Bouches de Cattaro et pouvant surveiller à la fois, les côtes italiennes, dalmates et turques, Antivari est appelé à un rôle politique considérable. Les efforts de la Russie et de la France l'ont fait attribuer au Monténégro, véritable patrie des Slaves du sud, sentinelle avancée du czar, chargée à la fois de maintenir la Turquie et de surveiller l'Autriche; et voici que le Monténégro vient de céder cette rade à la Russie elle-même, qui va sans doute y établir solidement sa puissance navale.

En attendant les cuirassés russes, le seul navire que nous apercevons dans la rade est un joli yacht tranquillement mouillé près de la villa du prince; c'est un présent, nous dit le capitaine, du czar Alexandre III à son

« unique ami » Nicolas Pétrovitch.

Depuis deux jours déjà cet excellent capitaine nous avait annoncé qu'à Antivari il se chargerait de nous pêcher une bouillabaisse digne de Roubion. Aussitôt l'ancre jetée, il nous fit signe et nous descendîmes à terre avec deux canots et un immense filet. En moins de deux heures, nous fîmes dans la rade une pêche que je puis qualifier de miraculeuse, moi qui de ma vie n'ai jamais amorcé le moindre goujon. Nous amenâmes sur le rivage une corbeille pleine de fretin de toutes sortes, plus deux énormes poissons qu'on eut beaucoup de peine à assommer à grands coups d'aviron ; l'un d'eux pesait 41 kilogs, l'autre 29. Le capitaine, radieux, nous assura que ces poissons, dont je n'ai pas retenu le nom slave, constituaient un mets excellent, et de fait ils furent vendus par lui, le même jour, l'un à Budua, l'autre à Cattaro, à raison de soixante centimes le kilogramme, prix élevé si l'on songe que toute cette côte est excessivement poissonneuse.

On nous servit donc notre bouillabaisse ; il y en eut même pour tout l'équipage, depuis le commissaire du bord jusqu'au dernier mousse et au plus jeune marmiton.

En quittant Antivari nous passâmes
sous le feu d'une redoute creusée
tout récemment dans le rocher, hérissée de canons et peuplée de soldats;
c'est la forteresse de *Spizza*, qui com-
mande, pour ainsi dire, l'entrée de la
rade d'Antivari. Nous étions là dans les
eaux autrichiennes. On voyait flotter
dans les airs le drapeau orné de l'aigle à deux têtes, et sur le rivage un
peloton de soldats austro-hongrois
faisait l'exercice.

Ici, l'Autriche a pris ses précautions:
voyant qu'elle ne pouvait empêcher le
Monténégro, c'est-à-dire la Russie,
d'occuper Antivari, elle a tenu à pos-
séder Spizza. Les négociations furent
paraît-il, très orageuses sur ce point,
et menacèrent même de ne pouvoir
aboutir, à cause de l'entêtement res-
pectif de la Russie et de l'Autriche.

Entre Spizza et l'entrée des fameuses Bouches, une seule escale vient
rompre la monotonie grandiose des
falaises qui forment la côte dalmate,
de plus en plus élevées et de plus en
plus arides. C'est la petite ville de
Budua, construite sur une langune qui
s'avance dans la mer et n'est réunie
à la terre ferme que par un isthme à
moitié recouvert par les flots. La vue
de cette bourgade qui a l'air de nager

entre deux eaux, est assez pittoresque,
mais toute la curiosité et toute l'admiration dont nous sommes capables, va
bientôt se concentrer sur les célèbres
Bouches de Cattaro, dont le promontoire d'Ostro, qui profile sa silhouette
au nord devant nous, marque l'entrée.

*
* *

Avant de pénétrer par les bouches
de Cattaro dans le cœur même de la
presqu'île balkanique, il n'est pas inutile de jeter un rapide coup d'œil sur
les peuples si intéressants et de races si
diverses qui habitent cette région encore bien peu connue, malgré sa proximité des centres de la civilisation
européenne.

Races, religions, nationalités,
mœurs, coutumes, tout paraît confus
ou entremêlé dans ce pays plus grand
que la France qui s'étend entre le Danube, la Mer Noire, la mer de Mar-
mara, l'archipel et l'Adriatique. A
première vue, on ne comprend absolument rien à cet assemblage de populations hétérogènes, sans limites naturelles qui les séparent, sans aucune
cohésion politique qui les fixe.

Cette partie du globe est la grande
route entre l'Orient et l'Occident,

route par laquelle ont passé tous les peuples qui habitent notre continent, soit dans leur marche envahissante, soit dans leur retraite précipitée. Plusieurs se sont attardés sur les bords du chemin et forment les populations balkaniques ; d'autres ont à peine laissé des traces de leur passage ; d'autres enfin ont franchi, sans s'y arrêter, ces montagnes et ces larges vallées, pour se répandre de l'Asie, berceau de l'humanité, dans l'Europe moderne.

Décrire la géographie ethnographique des Balkans serait refaire l'histoire entière des migrations des peuples depuis les invasions qui se perdent dans les ténèbres mythologiques jusqu'à la dernière de toutes, l'envahissement d'une partie de l'Europe par les Turcs.

De ce chaos non encore débrouillé il est résulté un désaccord complet entre la géographie des races et celle des fleuves, des montagnes et du climat, et un état d'équilibre absolument instable entre ces éléments animés de sentiments, d'aspirations, de mœurs essentiellement variées et forcément hostiles.

Pendant plusieurs siècles, le joug de la Turquie a retenu tous ces peuples dans une commune servitude qui leur

pouvait donner un semblant d'unité
politique; aujourd'hui que le refoule-
ment de la puissance ottomane sur
l'Asie a commencé, pour ne plus s'in-
terrompre, chacune des nations européennes intéressées à ce démembrement s'efforce de retrouver, dans les
débris qui se détachent les uns après
les autres du corps de l'Homme Malade, des éléments disposés à subir
une annexion ou à contracter une alliance durable, tandis que les plus
modérés rêvent de fonder avec ces
lambeaux un empire balkanique indé-
pendant, que les intéressés traitent de
chimère irréalisable.

A l'extrême sud de la péninsule, nous
trouvons la Grèce et son cortège d'îles,
situées les unes dans la mer Adriatique, les autres dans l'Archipel: jeune
royaume de 15 cent mille habitants,
né de l'alliance anglo-française qui
aboutit en 1827 à la victoire navale de
Navarin. La Grèce tend à s'accroître
d'une façon incessante, sous l'égide pro-
tectrice de la France, tant par des rectifi-
cations de frontières au nord que par
l'annexion d'îles nouvelles dans les
eaux méditerranéennes.

Au nord de la Grèce, la péninsule
s'élargissant, nous avons trouvé, sur
le versant de l'Adriatique, l'Épire et

l'Albanie, pays accidentés, presque-
aussi sauvages que leurs habitants.
Des cours d'eau torrentueux en séparent les hautes montagnes, et l'on
n'y rencontre que deux villes d'une
certaine importance : Janina et Scutari,
l'une et l'autre dans l'intérieur des
terres.

A l'est de l'Albanie s'étend une vaste
et fertile contrée, formée au sud de la
Thessalie berceau de la Grèce antique,
étendue au pied du mont Olympe, et de
la Macédoine plus au nord, traversée
par un seul cours d'eau important, le
Vardar, qui se jette dans la mer Egée,
près de Salonique. Tout le monde sait
que cette dernière ville doit à son admirable position de devenir un des
ports les plus considérables de la Méditerranée. Une ligne de chemin de
fer part de Salonique, remonte la vallée du Vardar et pénètre, par Kossovo,
jusqu'à la Serbie. L'Autriche qui con-
voite ardemment ce grand port, voit
déjà dans cette ligne, qu'elle se propose de pousser jusqu'en Hongrie, la
route qui la conduira en Orient.

Plus à l'est, nous trouvons la Thrace
ancienne, qui forme une bonne partie
de la Roumélie actuelle, dont les deux
prolongements embrassent tout le rivage septentrional de la mer de Mar-

mara, pour se terminer sur le Bosphore d'une part, à Constantinople, et sur les Dardanelles de l'autre, commandés par Gallipoli.

Andrinople et Philippopoli sont les deux villes les plus peuplées que l'on rencontre dans l'intérieur.

Tel est le territoire qui obéit encore de nos jours à la puissance Turque ; on y compte en tout une dizaine de millions d'habitants, divisés en un nombre étonnant de races diverses : Turcs, Grecs, Albanais, Juifs, Slaves, Latins et Arméniens.

En remontant toujours au nord, nous trouvons deux peuples rivaux, que le traité de 1878 a soustraits à la Turquie et auxquels il a rendu leur indépendance : Les Serbes à l'ouest, les Bulgares à l'est.

Les Bulgares se reconnaissent comme originaires des bords du Volga, dont leur nom semble tirer son étymologie ; ils vinrent s'établir du VIe au Xe siècle de notre ère dans la région du bas Danube qu'ils dévastèrent. Par suite d'un phénomène assez remarquable, mais qui n'est pourtant pas unique, quelques siècles leur suffirent pour oublier leur propre langue et adopter la langue slave qu'ils parlent encore aujourd'hui.

La Bulgarie, comme on le sait, a pour capitale Sophia, ville de 50,000 habitants, située au pied d'un contre-fort des Balkans.

Bien que chez les Orientaux et même dans le monde politique européen, on donne ordinairement le nom de Balkans, à toutes les montagnes de la Péninsule, c'est en Bulgarie que se dresse la chaîne des Balkans proprement dits, parallèles au Danube, dont ils séparent le versant méridional des rivières de la Roumélie et de la Macédoine qui se jettent dans l'Archipel.

A l'opposé du Serbe guerrier et turbulent, le Bulgare, surtout le paysan de la plaine, est pacifique et travailleur: il cultive avec ardeur une contrée généralement riche, dont les céréales font concurrence aux blés de Hongrie et de la Russie méridionale.

On sait que le Danube sépare sur un millier de kilomètres la Bulgarie de la Roumanie. Les Roumains, can-tonés au nord du Danube, sont un peuple de race latine, dont le langage est peut-être celui de tous les idiomes européens qui se rapproche le plus du latin classique.

Toute la partie occidentale des états balkaniques est occupée par les

Slaves du sud qui, sous des dominations diverses, habitent la Serbie et le Monténégro, états indépendants, la Bosnie et l'Herzégovine, arrachées à la Turquie par le traité de Berlin et soumises actuellement au protectorat de l'Autriche, qui les administre en pays conquis, enfin la Dalmatie et la Croatie, parties intégrantes de l'empire Austro-Hongrois, depuis les traités de 1845.

Les religions, chez tous ces peuples, sont aussi mélangées que les races ; la religion grecque, le catholicisme, l'islamisme et le judaïsme se les partagent. Partout la question religieuse se complique de la question de race et tend à augmenter l'hostilité qui anime ces populations les unes contre les autres.

Le plus souvent, la religion professée dans telle ou telle partie de la Péninsule est en rapport avec la race qui l'habite ; c'est ainsi que tout ce qui est Turc est musulman, que les Slaves sont le plus souvent grecs orthodoxes, et les populations d'origine latine, catholiques. Mais cette règle n'est nullement absolue, aussi trouvons-nous au milieu même de la Bosnie, dans Sérajéwo, sa capitale, une aristocratie d'origine slave qui a em-

brassé l'islamisme à une période fort
reculée, et dont l'attachement à la religion de Mahomet touche au fanatisme. A Scutari, en Albanie, on rencontre même des hommes d'origine
franque, également sectateurs d'Al-
lah.

Lorsque au Moyen-Age, les comtes
d'Anjou, seigneurs suzerains de la
Provence, eurent fait la conquête des
Deux-Siciles, une partie de leurs
troupes se répandirent en Albanie.
Les princes provençaux des Baux
s'y installèrent, embrassèrent l'Islamisme et forment aujourd'hui, sous le
nom de Balchi, une des plus puissantes
familles mahométanes de Scutari.

IV

LES BOUCHES DE CATTARO

L'occupation française. — Les villages des Bocchési. — Catholiques et Orthodoxes. — L'influence russe.

Le 25 mai, à deux heures de relevée, le *Sultan*, après 58 heures de traversée depuis Corfou, doublait la pointe d'*Ostro* et entrait dans ce *fiord* extraordinaire qu'on appelle les *Bouches de Cattaro*.

Ce paysage célèbre a été bien souvent dépeint. L. Léger, X. Marmier, Charles Yriarte et tout récemment encore un de nos compatriotes lyonnais, M. l'abbé Bauron, en ont fait des descriptions enthousiastes et saisissantes. En parler après eux me semble téméraire et m'imposera l'obligation d'être sobre.

8

L'entrée du golfe mesure environ trois kilomètres. Trois forteresses autrichiennes qui commandent le passage vous avertissent immédiatement que la position stratégique est de premier ordre. L'une est située sur le promontoire d'Ostro, la seconde, la *Torre Arsa*, sur la pointe opposée, enfin et au milieu, sur un écueil debout au milieu de la passe, se dresse une grosse tour ronde, le *fort Mamula*.

Si jamais une escadre ennemie force ce détroit, c'est que dans la grande lutte entre l'obus et la cuirasse, cette dernière aura définitivement triomphé, hypothèse considérée d'ailleurs comme peu vraisemblable.

Les *Bouches* se composent d'une série de renflements et d'étranglements compliqués de brusques détours, qui donnent à peine au navire une aire suffisante pour évoluer dans des passes réduites, en certains points, à une largeur de moins de 300 mètres.

La grandeur, la variété, le caractère sauvage du paysage qui s'impose aux yeux du touriste et restera à jamais gravé dans son souvenir, suivent une gradation ininterrompue, à mesure que le paquebot s'avance de l'entrée à l'extrême fond du golfe où repose la petite ville de Cattaro.

Dans la première anse qui s'ouvre, au devant de nous s'étage la petite ville de Castelnuovo, sur la rive nord du golfe, charmant séjour entouré de verdure et abrité contre le souffle du nord par une ceinture de montagnes encore peu élevées, entre lesquelles s'ouvre un col traversé par une route.

Nous saluons là le premier vestige de l'occupation de la Dalmatie par les Français, de 1806 à 1814.

La route qui part de Castelnuovo conduit à Raguse, à 50 kilomètres au nord; elle fut construite, comme la plupart des voies carrossables de la Dalmatie, par le maréchal Marmont, que Napoléon après Austerlitz avait chargé de la conquête de toute cette province.

Cette entreprise périlleuse, exécutée avec une audace inouïe par le corps d'armée de Marmont et les généraux de Lauriston et Molitor, malgré les efforts de la flotte russe, maîtresse du golfe de Cattaro, et l'armée Monténégrine qui couronnait toute les hauteurs environnantes, est un des beaux faits d'armes de cette prodigieuse époque.

La conquête terminée, Marmont sut être un administrateur de premier ordre, et nous retrouvons à chaque pas les traces impérissables de cette domination française de six années, qui valut au maréchal le titre de duc de Raguse, et dont sa triste défection sous les murs de Paris en 1814 ne doit point effacer le glorieux souvenir.

Au delà de Castelnuovo, le golfe se rétrécit. Nous franchissons le goulet de *Kumbur*. Plus hautes se dressent les montagnes et plus sauvage se déroule le panorama.

Un second bassin, plus étendu que celui de Castelnuovo, se creuse sur notre droite, le fond en est occupé par les alluvions fertiles d'une petite rivière qui descend des derniers contreforts du Monténégro ; riante oasis entre lesgrands rochers grisâtres.

Bientôt les *Bouches* se resserrent de nouveau ; l'horizon de montagnes qui les surplombent semble se fermer devant nous ; un détroit de cent cinquante mètres à peine s'ouvre enfin ; le *Sultan* s'y engage entre deux murailles nues et à pic ; c'est la passe de la *Catène* qui doit son nom à ce que au moyen âge les Turcs ou les Vénitiens tendaient d'une rive à l'autre une chaine de fer (catena) pour en barrer l'entrée.

Le chénal est long d'un mille, et

brusquement, débouche dans un dernier bassin : un paysage d'une écrasante grandeur éclate à notre vue.

Les rochers tourmentés, sauvages, de la Tzernagore se dressent tout autour du golfe en un à pic effroyable de 1200 mètres de hauteur.

Rien ne saurait dépeindre le caractère de morne désolation de ces immenses jetées, qui semblent comme les barrières d'un monde inaccessible. Depuis leur base qui plombe l'azur des eaux d'un reflet grisâtre jusqu'à leur sommet ondulant de ses courbes fantastiques le bleu plus clair du firmament, pas une mousse, pas un brin d'herbe ne vient recouvrir la nudité de cette paroi géante.

Les rayons obliques du soleil à son déclin frappent les flancs bosselés, tourmentés de la montagne, y traçant des ombres heurtées, ou s'arrêtant au bord des fissures profondes qui rident sa surface.

Tels nous apparaîtront sans doute, ou à nos arrière-neveux, les espaces lunaires, lorsque des téléscopes plus puissants auront assez rapproché la Terre de son satellite, pour que l'on puisse alors s'offrir la vue de la Lune sans plus de difficulté que le dernier panorama de Detaille, ou les projections de la Mer de glace à la lumière oxhydrique.

Mais voici que de distance en distance quelques avalanches de rochers, auxquels un peu de terre s'est mêlée, se sont arrachés des pans de la roche calcaire; elles ont formé contre les rocs, au-dessus des flots, des talus abrupts, dont une végétation verdoyante a fait sa proie; au-dessous, de gracieux villages s'allongent au pied des rochers, mirant dans les flots éternellement tranquilles, leurs blanches maisons et leur clocher aigü, ce sont Perzagno, Risano, Dobreta, Mula, San Mateo; calmes repaires des fougueux *Bocchesi* (habitants des Bouches), les plus hardis navigateurs et les plus indomptables guerriers de toute la Dalmatie.

A Risano surtout et dans les âpres rochers qui l'entourent, vit une population de montagnards slaves, célèbres par leur sauvage bravoure, et qui ont su jusqu'à ce jour conserver leur indépendance contre tous les conquérants de la côte dalmate. Aujourd'hui encore, bien qu'ils reconnaissent la suzeraineté de l'Autriche, ils se refusent à subir le joug militaire de l'empire, et l'administration austro-hongroise a dû renoncer à y pratiquer régulièrement la conscription.

Tout près de Risano, à l'extrême nord du bassin, une cascade énorme jaillit par une large brèche de la paroi de la montagne et se précipite d'un seul jet dans l'onde amère, emplissant toute la côte de son puissant mugissement.

En avant du village de Perasto deux petits îlots jumeaux émergent du sein des flots. Sur ces deux écueils, presque à fleur d'eau, s'élèvent deux sanctuaires rivaux, vénérés au loin dans le pays; l'un est un petit monastère grec, l'autre est dédié à la *madone du Scapulaire*. Chacun d'eux recouvre entièrement le rocher qui les supporte et les blanches murailles baignent dans les flots; au milieu de cet horizon infranchissable de rochers, les deux asiles de la piété slave semblent voguer à la surface des eaux profondes, comme deux arches sainte échappées aux horreurs du chaos.

A certains jours de l'année les Bocchesi affluent de tous les points des Bouches, dans l'une ou l'autre chapelle, on voit alors les barques, aux blanches voiles, surchagées de pèlerins en costumes de fête, se diriger à tire d'ailes vers les deux îlots de Pérasto. Souvent plusieurs milliers de personnes se

trouvent réunies, dans leurs frêles es-
quifs, autour des étroits sanctuaires.

Nombreuse est la population qui
habite les bords des Bouches de Cat
taro. On l'évalue, m'a-t-on dit, à 15,000
âmes. La plupart des villages sont
tellement resserrés entre la mer et la
montagne qu'une ou deux maisons
au plus peuvent trouver place dans
cet étroit espace; les habitations s'é-
grènent alors une à une le long du
rivage, comme une rangée de boutiques sur une large route.

L'eau est bien en effet leur seul chemin; car la plupart de ces bourgs sont
privés de toute communication terrestre entre eux et avec le reste du monde.
La montagne se dresse à pic au-
dessus de leurs têtes et ils n'ont d'autres voies que le golfe pour quitter
leur solitude.

Il existe, nous dit-on, des différences
de mœurs et de costumes très accen-
tuées entre les indigènes de ces diffé-
rents villages; les gens de chaque localité se reconnaissent et reconnaissent leurs voisins à la simple vue de
leurs vêtements.

Cattaro, qui repose là-bas tout au
fond du dernier repli des Bouches, est
une petite ville dont l'aspect est iden-
tique à celui des autres villages du

golfe ; elle paraît tellement collée contre les rochers monténégrins que l'on croirait voir de loin des simulacres de maisons peints sur la paroi de la montagne. Tout relief disparaît, même celui de la forteresse que les Vénitiens ont perchée à trois cents mètres, d'aplomb au-dessus de la ville et qui se tient suspendue comme un nid d'aigle tout à côté des fameux lacets en surplomb qui, de la ville, s'élancent vers le Monténégro et portent le nom expressif d'*Echelles de Cattaro*.

A Cattaro, pour la première fois depuis Corfou, le paquebot vient s'accoter au quai. On débarque de plain pied sur une promenade étroite, longue et ombragée, où toute la population se réunit chaque soir. Cinq cents personnes au moins assistent au débarquement des trois passagers de première classe et des 15 voyageurs plus modestes que le *Sultan* rejette sur le rivage.

Au milieu de cette foule, les uniformes autrichiens se marient avec les costumes pittoresques des Cattarins. Ici une garnison nombreuse a pour mission de tenir en respect les turbulents Monténégriens, fréquemment disposés à descendre en avalanche de leurs montagnes inacessibles pour rendre aux citadins de Cattaro des visites intéressées.

Derrière la promenade se dresse une haute et vieille muraille, qui entoure la ville d'une ceinture continue, se reliant le long des rochers à la citadelle dont j'ai parlé plus haut. Cette muraille n'est percée que de trois portes; deux sont fermées religieusement du soir au matin ; la troisième, monumentale, donnant accès sur le quai d'embarquement reste ouverte, sous la surveillance d'un nombreux corps de garde.

Les Monténégrins, qui ne quittent jamais leur demeure sans emporter un véritable arsenal de poignards, de yatagans, de pistolets et d'autres jouets dangereux passés dans leur ceinture, doivent laisser toute leur panoplie aux portes de Cattaro avant d'y pénétrer ; or comme rien au monde n'est plus désagréable pour ces rois de la montagne que de se séparer de leurs armes, ils préfèrent le plus souvent stationner en dehors des murs, et c'est là, sur une petite place non loin de la promenade, que se tient l'unique marché où le Monténégro échange ses produits contre ceux de la Dalmatie.

De la muraille au rocher, on ne mesu-

rerait certainement pas quatre-vingts
mètres; la ville est comme écrasée
entre le golfe et la montagne. Partout
on a économisé la place avec une
avarice bien légitime; les rues n'ont
pas plus de 2 à 3 mètres de largeur;
les maisons sont fort étroites, les pièces exiguës et les 4,000 habitants de la
ville sont entassés sur une surface qui
ne semble pas en pouvoir contenir
plus de cinq cents.

L'aspect et les monuments de la ville
sont absolument vénitiens; on voit que
la Sérénissime République avait planté
sa griffe puissante sur ce coin de terre
reculé comme sur tous les autres ports
de la Dalmatie.

A la visiter superficiellement cette petite ville paraît propre et bien tenue; malheureusement on est bien obligé de
changer d'avis quand on pénètre dans
l'intérieur des masoins. Charles Yriarte
qui y voyageait vers 1874, déclare
qu'il n'y avait pas alors d'hôtel pour
les voyageurs; il logea, dit-il, chez l'habitant, où il fut reçu avec la plus sincère cordialité. Plût au ciel que l'on
n'eût rien changé à ce patriarcal état
de choses. Il y a aujourd'hui des hôtels
à Cattaro; hélas, quels hôtels! Je me
contenterai de dire que ce sont les
pires que nous rencontrâmes dans

tout notre voyage, où nous n'en trouvâmes pourtant — sauf dans les grandes villes — aucun de passable.

Voilà bientôt quatre-vingts années
que l'Autriche occupe la côte dalmate,
y entretenant toute une armée de soldats, d'administrateurs, de fonctionnaires de tous ordres. Plus nous avancerons dans le pays plus nous nous
convaincrons que l'empire austro-
hongrois n'a jeté aucune racine dans
les pays slaves. Rien ici ne rappelle
l'Allemagne ni la Hongrie.

Tous les sujets autrichiens que l'Autriche envoie en Dalmatie se considèrent comme gens exilés pour un temps
de la mère patrie, à la façon du Français que l'on envoie en Cochinchine
ou au Sénégal.

J'ai remarqué que les Autrichiens
affectent de considérer comme des
sauvages les peuples de la région
illyrienne, uniquement parce que
leurs mœurs sont totalement différentes et qu'ils n'ont aucune influence
sur eux.

Il est dans le tempérament même
de l'Allemand de ne pouvoir imposer
sa personnalité, ni sa race chez aucun
des peuples où il pénètre par la force
ou par l'émigration.

Observons les Allemands aux Etats-

Unis, par exemple : Ils s'y sont rués par millions depuis cinquante ans ; qui pourrait dire qu'on retrouve dans les mœurs et les habitudes politiques et sociales de la grande République la moindre trace de cette invasion? Les Allemands se sont fondus dans le milieu où ils sont entrés comme une cire molle qui se serait façonnée aux objets qui l'entourent ; ils deviennent peu à peu Yankees et aucun Yankee n'est jamais devenu Germain.

Que l'on compare la race germanique à la race anglo-saxonne ; avec quelle énergie, quelle persitance cette dernière s'impose partout où elle apparaît. En quelque lieu du monde que l'on voyage, on reconnaît l'Anglais au travers de tous les êtres humains qui s'agitent sur notre planète ; partout il s'installe en maître, importe sa manière de vivre, de se vêtir, de se loger, de se divertir, sans jamais rien emprunter aux habitudes locales, ni rien abandonner de sa personnalité envahissante.

Le même phénomène se remarque pour les Chinois, pour les Juifs, pour les Arabes, et en général pour toutes les races fortes et nettement caractérisées.

Les Slaves ont, eux aussi, une puissance incontestable pour s'assimiler les peuples qu'ils conquièrent.

C'est une chose admirable, dit M. de Vogüé, l'homme de France qui connaît le mieux le monde slave, que de voir avec quelle rapidité les populations du Caucase et du Turkestan se sont *russifiées*.

Le génie national slave est tout différent en cela de celui des Anglais : si l'insulaire britannique conserve partout son quant-à-lui, il n'arrive que rarement à communiquer aux autres peuples sa propre manière de vivre ; le Russe, au contraire, fait des prosélytes ; en absorbant les peuples, il les façonne à son image et les entraîne dans son orbite.

C'est là, à mon humble avis, une des plus grandes forces de ce peuple entré depuis si peu de temps sur la scène du monde et dont tous les hommes politiques de notre époque s'efforcent de tirer l'horoscope.

V

LE MONTÉNÉGRO

—

Les Échelles de Cattaro. — La nouvelle route.
— Cettigné. — Une table d'hôte originale. —
Un correspondant du *Standard*. — L'avenir
des Monténégrins.

Lorsque de Cattaro on lève les yeux
vers le ciel, on éprouve très approximativement l'impression d'un spectateur qui serait placé au fond d'un
large puits. A ses pieds, on a l'eau
bleu-sombre du fiord; au levant et au
couchant, des parois de rochers presque verticales hautes de plus de mille
mètres; au midi, une rampe dont la
pente moyenne peut être estimée à
45 degrés et dont les gradins sont
recouverts d'une végétation assez touffue; enfin, au nord, le golfe étroit et
encaissé qui se perd dans les sinuosi-

tés capricieuses par où il communique avec l'Adriatique.

En dehors de la voie maritime par laquelle nous sommes arrivés, il n'y avait jusqu'à ces dernières années qu'une seule issue pour sortir de ce gouffre, c'étaient *les Echelles de Cattaro*, sorte d'escalier en lacets, qui grimpe à pic à l'est de la ville, collé contre la paroi la plus escarpée de la montagne.

Impraticables à quiconque n'est pas Monténégrin ou alpiniste, les Echelles étaient, il y a dix ans à peine, la seule route reliant le Monténégro au monde européen.

La perspective de pénétrer d'une aussi singulière façon dans un pays est de nature à vous communiquer un irrésistible désir de faire connaissance avec ses habitants.

Malheureusement, des ingénieurs, mes éminents collègues, sont débarqués, un jour, venant à Cattaro ; ils ont vu d'en bas les Echelles, et prosaïquement se sont dit que cette piste de chamois ne pouvait pas continuer à être classée au rang de voie de communication internationale ; conséquemment ils ont tracé une route et, qui mieux est, l'ont exécutée. Cette route est une merveille, ou plutôt ce qui est merveilleux, c'est d'avoir pu dérouler le long des flancs de ce précipice vertigineux un ruban long de plus de 20 kilomètres avec une pente moyenne de cinq à six pour cent.

Il va sans dire que les Monténégrins et surtout les Monténégrines, pour qui les escalades à travers les rochers sont le passe-temps de tous les jours de leur vie, ne se servent jamais de la nouvelle route, et pour mon compte personnel je ne me pardonnerais pas de l'avoir préférée à l'ancienne, si je ne m'étais pas assuré que cette ascension est absolument impraticable pour une femme qui n'a pas vu le jour au Monténégro.

A deux heures du matin, un cabriolet, attelé de deux petits chevaux malingres mais solides, nous attendait sous les fenêtres de l'hôtel *Cacciatore*, de pitoyable mémoire, pour nous emmener à Cettigné, capitale de la principauté monténégrine.

Nous sortons par la *Porte de Mer*, la seule ouverte pendant la nuit, traversons une rivière limpide, qui sort en bouillonnant du flanc de la montagne et se jette aussitôt dans le golfe et commençons à gravir en lacets, dans la direction du sud, la pente la moins abrupte dont j'ai parlé plus haut.

L'aspect de cette côte escarpée démontre clairement qu'aux époques préhistoriques elle fut le lit d'un énorme glacier, qui glissait, resserré entre les parois verticales, des sommets de la Tsernagore jusqu'aux Bouches de Cattaro, à la façon des glaciers norvégiens dont le pied baigne dans l'eau profonde des fiords et dont le sommet se perd dans la froide brume des Alpes scandinaves.

Je renonce à décrire les innombrables détours de la route de Cettigné, ces circuits capricieux qui tantôt se déroulent suspendus aux parois d'un rocher à pic, tantôt enlacent de leurs replis des montagnes arides et désolées, ces points de vue d'une infinie variété qui vous découvrent, au fur et à mesure de la montée, des horizons de plus en plus étendus et de plus en plus sauvages. Notre pauvre petite voiture, rampant le long de la route, a l'air ici d'un atome se déplaçant péniblement à travers le chaos.

Successivement nous voyons s'ouvrir au-dessous de nous les divers bassins des Bouches de Cattaro. De toutes parts des forteresses autrichiennes semblables à des terriers creusés dans le roc, couronnent les sommets ou s'accrochent aux redans des montagnes.

Cette route, la plus extraordinaire qu'il y ait au monde, a dû chercher son développement normal jusqu'à une assez grande distance de Cattaro ; puis, revenant au dessus de son point de départ, elle vient rejoindre, au col de *Kerstac*, l'extrémité supérieure des Echelles à une altitude de 1.050 mètres, après 21 kilomètres de parcours.

De ce point on surplombe verticalement Cattaro ; une pierre lancée de Kerstac écraserait infailblement quelque maison de la ville ; ces maisons nous semblent des jouets d'enfants, et le *Sultan* qui chauffe pour repartir dès le matin affecte les dimensions d'un bibelot d'étagère.

Quiconque a contemplé du Righi-Kulm les lacs de Lucerne ou de Zug se rendra compte de l'effet que produisent les bouches de Cattaro vues des arêtes rocheuses de la Tsernagore.

Au loin brillent sous le soleil levant les eaux de l'Adriatique, miroir aux contours fantastiques dont la surface azurée se perd dans l'infini de l'Occident.

Tout autour de nous c'est un amoncellement formidable de rochers grisâtres, déchiquetés, effondrés, écrétés par le temps et les forces de la nature ; masses titanesques d'où la végétation et la vie sont à jamais disparues.

« On peut affirmer, sans exagération, dit Charles Yriarte, que la nature n'a pas répété deux fois dans le monde un si étrange décor. » Je n'imagine pas davantage qu'il existe ailleurs une route aussi hardiment tracée.

Cette route, étudiée par des ingénieurs autrichiens, a été exécutée aux frais des gouvernements austro-hongrois et monténégrin et terminée en 1881.

Jusqu'au point où les Echelles se raccordent à la voie carrossable, à Kerstac, nous n'avions pas rencontré âme qui vive; à partir de ce point nous entrons dans le torrent de la circulation monténégrine. Dans toute la principauté, les voitures sont inconnues et il est évident que jamais piéton ni mulet ne gravira d'autre chemin que les Echelles.

Bientôt on s'éloigne du précipice; on perd la vue du golfe et des lointains horizons pour s'engager plus avant dans le désert de rochers.

Une légende bien caractéristique règne au Monténégro : quand Dieu créa le monde, il planait au-dessus de notre globe, tenant en sa main un sac rempli de montagnes, qu'il distribuait avec équité sur les continents; comme il arrivait en un certain point, le sac creva, toutes les montagnes s'échappèrent à la fois: la Tzernagore était formée.

Tzernagore en slave signifie Montagne noire ; les Italiens en ont fait Monténégro, nom qui a été adopté par les géographes.

Elle occupe une surface d'environ 9 à 10 mille kilomètres carrés entre la Bosnie et l'Herzégovine au nord, la Dalmatie et l'Adriatique à l'ouest, l'Albanie au sud et la Serbie à l'est.

On a discuté à perte de vue sur l'origine de ce nom de Montagne Noire, en contradiction formelle avec la couleur gris clair des rochers ; l'opinion la plus plausible est que le Monténégro, à une époque peut-être beaucoup moins ancienne qu'on ne se l'imagine, a été couvert d'épaisses forêts de pins et de sapins, dont le sombre feuillage justifiait le nom donné à la contrée.

Si paradoxale que paraisse l'opinion qui attribue à ces montagnes calcinées, sans eau, sans trace de terre végétale, un passé aussi contraire à leur état actuel, j'avoue que je m'y rallie sans hésitation depuis que j'ai parcouru sur le même rivage de l'Adriatique deux contrées presque identiques quant à la configuration et à la géologie : La Croatie entre Agram et la mer, et le Karst au dessus de Trieste. La première couverte des plus merveilleuses forêts que j'aie jamais parcourues, la seconde réduite, par la fureur de déboisement des Vénitiens, au même état que la Tzernagore.

Ces montagnes sont formées d'un calcaire très dur et qui éclate à la gelée; aussi le sol est-il jonché partout d'une accumulation incroyable de débris de toutes formes et de toutes grosseurs.

En tous sens la roche est fissurée de crevasses qui absorbent les eaux de pluie et les entraînent dans des réduits souterrains d'où elles sortent en masses tumultueuses et limpides à quelques mètres au-dessus du niveau de l'Adriatique. Cette porosité condamne à une stérilité éternelle le sol du Monténégro ; j'ai retrouvé là une reproduction saisissante du phénomène que j'avais observé l'année précédente dans les Causses de la Lozère.

Le col de Kerstac, ainsi que je l'ai dit, est le seul passage par lequel on puisse, de Cattaro, pénétrer dans les montagnes du Monténégro.

Au dessus du col se dresse un pic de calcaire haut de 1,760

mètres, le Lovcen, encore couvert
de neige à l'époque où je me trouvais
en ces parages.

L'ascension de cette montagne abo-
minablement escarpée demande environ deux heures de Kerstac ; on jouit
de là haut, dit-on, d'une vue extraordinaire ; quand le temps est clair on
découvre même, par delà l'Adriatique,
la côte italienne.

Laissant à de plus intrépides que
nous le plaisir d'escalader ces rochers
sauvages, nous nous arrêtons quelques instants dans une infime chaumière, qui étale la prétention d'être un
débit de boissons, de tabac et de vic-
tuailles d'un ordre tout-à-fait inférieur.

Un certain nombre de Monténégrins
y sont réunis et causent gravement en
fumant des cigarettes ou de longues
pipes. Ces pipes, d'un modèle uniforme, se composent d'un fourneau en
terre et d'un long manche de bois ter-
miné en forme de mamelon, qu'ils
sucent à la façon d'un bâton de sucre
d'orge. Tous se tiennent debout, et
pour cause, attendu qu'il n'y a pas un
siège dans le logis. Il est d'ailleurs
impossible d'imaginer quelque chose
de plus primitif qu'une demeure de
Monténégrin ; aucune trace de confortable ni de décoration. J'oublie cepen-

dant de dire qu'au mur sont accrochées de méchantes chromolithographies re- présentant le prince et la princesse de Monténégro, le czar et la czarine de Russie ; nous retrouverons invariable- ment l'image de ces personnages dans tous les intérieurs de la Tzernagore.

Au delà de Kerstac, nous commen- çons à redescendre ; car, par un singu- lier phénomène géologique, la partie culminante du Monténégro est préci- sément cette arête rocheuse qui le sé- pare de l'Adriatique.

Nous pénétrons ainsi au fond d'un cirque de plusieurs kilomètres de dia- mètre, où repose le village de *Nié- gus* : une trentaine de chaumières plus que modestes, voilà de quoi se compose la patrie du prince Nicolas ; une lourde bâtisse couverte de tuiles rouges est la villa où le souverain s'arrête quand il vient à traverser son pays natal.

A Niégus, nous sommes atteints par une pluie serrée et pénétrante ; une brume glacée s'épaissit autour de nous: nous voilà perdus au sein même du nuage qui donne naissance à cette malencontreuse ondée. Entre la cha- leur torride qui régnait la veille à Cat- taro et le froid intense qui nous saisit dans ces âpres montagnes, une sage moyenne eût certainement mieux fait notre affaire.

Du paysage environnant nous ne distinguons plus que les petits champs en formes d'alvéoles, entourés de pierres, où les pauvres Monténégrines cultivent le seigle et la pomme de terre, tandis que leurs maris se promènent, leurs armes au flanc, fiers et aventureux, à travers la montagne.

Une nouvelle côte se présente; nous la gravissons et dépassons 1,350 m. d'altitude, c'est là le point culminant du parcours; il ne nous reste plus dès lors qu'à redescendre de 600 mètres pour atteindre Cettigné, capitale du Monténégro, grande ville de 1,200 habitants, où résident le prince Nicolas Pétrovitch et sa nombreuse famille, entourés de tous les dignitaires de sa principauté de 250 mille habitants.

Au fil de la route, quarante-cinq kilomètres au moins séparent Cattaro de Cettigné; à vol d'oiseau la distance ne doit pas excéder quatre lieues.

La pluie nous avait précédés à Cettigné, pluie battante qui nous força à chercher au plus tôt un abri dans l'unique hôtel de la métropole monténégrine.

Pendant quelques rares éclaircies, nous visitons rapidement la ville ou

mieux le village, composé d'une centaine de maisons humbles et basses,
échelonnées sur deux rues perpendiculaires.

Voici la grande place, la résidence
princière, sorte de villa entourée d'arbres qu'on s'attendrait plutôt à trouver à Ville-d'Avray ou à Collonges
qu'à Cettigné. L'ancienne résidence
dénommée *Bigliardo* à cause de la
fantaisie qui s'empara un jour de Danilo, prédécesseur du prince actuel,
d'avoir un billard dans son palais.
Cinquante hommes furent employés à
faire gravir les Échelles à ce meuble
encombrant ; les Cettignotes saisis
d'étonnement à la vue d'un colis aussi
extravagant et des efforts qu'il avait
fallu développer pour l'amener à destination, donnèrent au palais le nom
de Bigliardo en souvenir de ce mémo-
rable évènement.

Mais à Cettigné, comme ailleurs,
tout progresse et se perfectionne ; on
trouve aujourd'hui un second billard
dans l'hôtel de Cettigné et les héroïques Monténégrins, qui regardaient
peut-être le premier comme un instru-
ment de torture, cultivent à cette heure
la poule et le carambolage sur le tapis vert de l'auberge.

Qui pourrait dire si la tour Eiffel, que

le monde entier vient admirer en 1889, ne sera pas dépassée en 1892 par quelque construction d'une hauteur telle que le chef-d'œuvre de nos ingénieurs paraîtra alors un avorton d'édifice.

Lecteurs, qui me suivez, avez-vous dans votre bissac quelque honnête supériorité, capable de fixer l'attention de vos contemporains, soyez prompts à la produire, car les jours de gloire sont courts et la concurrence a des ailes pour vous atteindre.

Il est sur une petite éminence une construction massive, qui inspire des idées moins riantes, c'est la *Tour des Turcs*, ainsi nommée parce qu'au retour des combats, les Monténégrins plantaient au plus haut de ce monument les têtes de leurs ennemis héréditaires. Cette coutume sauvage a été abolie par le prince Danilo vers 1850.

Un vieux couvent grec, siège de l'évêque métropolitain, termine la série des édifices à visiter dans cette minuscule capitale.

La plupart des nations civilisées entretiennent au Monténégro un ministre plénipotentiaire ; trois d'entre eux seulement résident à Cettigné ; les ministres de Russie, d'Autriche et d'Angleterre ; tous les autres habitent Raguse d'où ils viennent à certaines époques de l'année faire une courte apparition à Cettigné.

Une des principales raisons de cet absentéisme des représentants des puissances est la difficulté extraordinaire du logement à Cettigné; un appartement [de quelque pièces coûte au locataire un nombre respectable de billets de mille francs; ce n'est point chose aisée que d'entreprendre une bâtisse dans un pays où l'on ne trouve ni bois, ni fer, ni chaux, ni ciment et où tout devait être amené, jusqu'à ces derniers temps, à dos de mulets. De plus, ainsi que nous le dirons plus loin, le Monténégrin dédaigne absolument tout ouvrage manuel, à plus forte raison celui de maçon ou de terrassier.

Nous avons vu construire une maison aux environs de Cettigné; échafaudages, mortier, taille des pierres et pose des moëllons, tout était confié à des femmes. C'était la première fois que je voyais aux mains du sexe aimable une truelle et un fil à plomb. Chez nous, l'homme aurait honte d'abandonner à sa tendre moitié une aussi rude besogne; le guerrier monténégrin, — car tous les Monténégrins sont des guerriers — se croirait deshonoré de quitter un seul instant ses

armes pour des instruments de travail.

L'intérêt d'un voyage au Monténégro
réside beaucoup plus dans l'étude du
type des habitants, de leurs mœurs,
de leurs coutumes et de leur histoire
que dans les beautés de cette nature
aride et sauvage, où l'on s'étonne de
rencontrer une population aussi nombreuse sur un sol incapable de la
nourrir.

Dans notre Europe moderne, où
toutes les races sont confondues, où
les invasions, les guerres, les émigra-
tions ont anéanti pour toujours les
vestiges des types primitifs, le Monténégrin reste, grâce à ses infranchissables montagnes et à son énergie
séculaire, le représentant pur de tout
mélange d'une des plus belles familles
de l'humanité, la famille slave.

Au quatorzième siècle — pour ne
pas remonter au déluge — prospérait,
dans les Balkans, un Etat considérable, le royaume de Serbie ou de Servie.
Originaires des monts Karpathes,
les Slaves qui le composaient, auda-
cieux, braves et aguerris, étaient
devenus un sujet d'épouvante pour
l'empire d'Orient tombé au dernier
degré de la décrépitude. Impuissant à
lutter contre ces terribles ennemis,

l'empereur appela contre eux à son secours les Turcs, dont l'étoile commençait à monter au firmament politique.

L'armée ottomane anéantit en 1389, dans les plaines de Kossovo, la puissance slave et mit fin au royaume de Serbie; une partie des Serbes tomba sous la domination turque et les plus indomptables de ces héros vaincus se réfugièrent dans les montagnes inaccessibles de la Tzernagore, où, depuis cinq cents ans, ils ont résisté victorieusement à toutes les attaques des padischas et constitué enfin, au commencement de ce siècle, grâce à l'énergique appui de la Russie, la principauté indépendante du Monténégro.

La bataille de Kossovo et les évènements malheureux qui s'y rattachent sont le thème des innombrables poèmes que les Slaves du sud chantent en toutes circonstances en s'accompagnant de la guzla.

On chante beaucoup chez les Monténégrins et plus encore chez leurs frères les Serbes, les Bosniaques et les Dalmates; on y chante les combats et l'amour, à la façon des aèdes de la Grèce ou de nos troubadours du Moyen-Age.

Au travers des fictions lyriques ou des poésies naïves que redit avec l'enthousiasme de la jeunesse le peuple slave des Balkans, éclate sans cesse sous la tristesse poignante du souvenir de Kossovo la lueur d'espérance qui lui découvre un avenir de revanches et de gloire.

Quels sont donc ces hommes qui, au milieu de notre siècle blasé, sceptique, enlisé dans le positivisme et la recherche des jouissances matérielles, poursuivent avec une aussi juvénile ardeur, depuis des siècles, la réalisation d'un idéal de grandeur qui semble se dérober éternellement à leurs héroïques efforts?

De tous les peuples des Balkans, le Monténégrin m'est apparu comme le type le plus merveilleusement dessiné de la race slave du sud; il la représente dans toute sa pureté par sa carnation puissante, par son caractère fier et enthousiaste, par sa langue conservée sans altération, par sa religion, le grec orthodoxe, à laquelle il a gardé une inébranlable fidélité.

Une des preuves les plus frappantes de la pureté de race de la grande famille monténégrine est la ressemblance remarquable que tous les individus présentent entre eux.

Sans doute l'uniformité absolue des costumes, des habitudes et du genre de vie contribuent à accentuer cette ressemblance qui frappe le voyageur dès ses premiers pas. Mais ces raisons secondaires sont insuffisantes à expliquer l'identité saisissante des traits, des gestes, de la conformation physique.

Au fur et à mesure que nous nous éloignerons de la Tzernagore, nous rencontrerons des populations nombreuses dont le type procède encore du type slave. Mais déjà en Herzégovine, en Dalmatie, en Croatie, la race a été ou croisée ou abâtardie, et nous n'en retrouvons plus que des caractères déjà notablement effacés.

Le Monténégrin est de haute stature, il a la taille bien prise, les épaules larges, la tête petite, les attaches d'une remarquable finesse. La musculature est extraordinairement puissante et pas un pouce de graisse ne s'attache à ces muscles d'acier.

Le visage est légèrement bronzé, l'œil clair, vif et d'une apparente dureté, le nez droit et mince, la lèvre invariablement surmontée d'une forte moustache brune.

L'état de perpétuel entraînement dans lequel vit le Monténégrin donne à son galbe énergique une apparence osseuse.

Le genre de vie de ces montagnards est bien fait pour entretenir chez eux ces admirables performances. Parcourir sans relâche leurs âpres montagnes, en expéditions guerrières ou comme pasteurs de leurs maigres troupeaux, ne se départir jamais, par nécessité ou par goût, d'une rigoureuse sobriété, braver avec insouciance les intempéries les plus contraires, la chaleur torride qui se concentre, en été, sur les rochers dénudés, et, en hiver, le froid intense des sommets neigeux; ainsi se passe l'existence du Monténégrin.

Son dédain pour tout travail manuel qui pourrait alourdir ses membres, augmente sa souplesse sans diminuer sa force; aussi son adresse aux exercices du corps et son agilité à escalader les montagnes sont-elles prodigieuses.

Il faut le voir s'élancer le long des pentes les plus raides, à travers les roches crevassées et branlantes. Le Monténégrin ne grimpe point, il saute, il bondit, sans se soucier des sentiers frayés, à la façon du bouquetin, hôte de ces solitudes.

Un exemple donnera une idée de

cette prestigieuse faculté : j'ai dit plus haut que pour se rendre de Cattaro à Cettigné, il faut s'élever de 1,100 m. redescendre à 900, remonter à 1,380 et gagner Cettigné dont l'altitude n'est plus que de 6/0 mètres au dessus du niveau de l'Adriatique. La distance à franchir horizontalement est d'environ 15 kilomètres.

Quelques jours avant notre passage à Cettigné, le prince Nicolas donna l'ordre à l'un de ses *périanics*, ou gardes, choisis d'ailleurs parmi les plus beaux hommes de la principauté, de porter un pli urgent au paquebot, postal en partance de Cattaro.

— Tu n'as que six heures pour faire la course, hâte-toi, lui dit le prince.

Le périanic se mit en route.

Six heures après, le souverain retrouve son garde dans le vestibule du palais ; il l'interpelle vivement croyant l'ordre inexécuté ; protestation du périanic qui déclare avoir rempli sa mission et être rentré depuis quelques instants. Il avait compris que six heures lui étaient données pour aller à Cattaro et en revenir, et il avait accompli rigoureusement la consigne.

Ce tour de force extraordinaire nous fut conté à l'hôtel de Cettigné par le médecin du prince, ancien étudiant à

Paris, qui s'exprimait en français avec une correction parfaite.

M. le docteur H. nous exprimait également toute son admiration pour l'énergie surhumaine avec laquelle les Slaves supportent les opérations chirurgicales nécessitées par les blessures qu'ils reçoivent dans leurs perpétuels démêlés avec les Turcs et les Albanais. Un Monténégrin penserait se déshonorer en consentant à se faire anesthésier pour subir une amputation ; il supporte stoïquement la douleur, impassible, fumant des cigarettes ou causant avec ceux qui l'entourent, sans qu'un muscle de son visage trahisse la moindre défaillance.

On sait que Danilo, le prédécesseur du souverain actuel, fut assassiné d'un coup de pistolet sur le quai de Cattaro. L'auteur de ce meurtre était un Monténégrin, mais on en a cherché en vain l'instigateur secret, et cet attentat passe au Monténégro pour avoir été provoqué par une puissance voisine, inquiète des progrès que la sage administration de ce prince éminent avait accomplis dans ce petit pays.

On releva Danilo respirant encore et les médecins tentèrent vainement d'extraire la balle de sa blessure ; Danilo supportait avec héroïsme cette douloureuse exploration ; mais voyant que leurs efforts n'aboutissaient point, il saisit le bistouri de la main du chirurgien et, sondant lui-même sa plaie, en arracha le projectile. Quelques heures plus tard, il rendait le dernier soupir.

Le prince Nicolas, son neveu, est un digne successeur de Danilo, car il a su continuer son œuvre. Figure très intéressante au milieu des souverains de notre époque, que celle de ce prince à qui, au moment même où nous visitions la Tzernagore, le czar Alexandre III portait ce toast significatif : « à Nicolas Pétrovitch, mon unique ami ! »

C'était pour nous un regret bien vif de ne pouvoir être présentés au prince Nicolas alors auprès du czar à Pétersbourg. Outre les recommandations que nous avions pour lui, nous savions qu'il accueille avec une bienveillance spéciale les rares Français qui visitent son pays.

Nicolas se souvient qu'il a été élevé au lycée Louis le Grand, et que son prédécesseur Danilo avait trouvé auprès de Napoléon III un protecteur et un ami.

D'ailleurs les relations cordiales que le danger partagé a fait naître entre la France et la Russie ne sau-

raient manquer de nous rapprocher
du même coup du peuple monténégrin, sentinelle avancée au midi de
l'empire des Czars.

Monté sur le trône en 1860, après
l'assassinat de Danilo, le prince régnant a aujourd'hui 48 ans. Les por-
traits qu'on en a tracés nous montrent en lui le type achevé du guerrier
monténégrin; il est de haute taille,
rompu à tous les exercices du corps,
bien que pourvu depuis ces dernières
années d'une forte corpulence, résultat, paraît-il, d'un appétit de premier
ordre.

Sa tournure est fière et majestueuse,
mais son accueil séduisant, son langage mesuré et circonspect tempère
la première impression qu'on se ferait
du chef hardi de ces rudes montagnards.

C'est que sous les dehors énergiques
du fils du terrible Mirko, *l'épée du
Monténégro*, se cache l'intelligence et
l'habileté d'un diplomate consommé.

Je ne puis retracer ici l'histoire si
mouvementée de ce petit pays durant
les trente dernières années ; mais
Nicolas a vu plus d'une fois sa principauté envahie par les Turcs et à la
veille d'être anéantie. Ce fut autant
peut-être par les alliances que sa po-

litique habile a su se concilier aux moments décisifs, que par sa valeur sur les champs de bataille, qu'il a sauvé sa patrie et finalement étendu ses frontières.

Au Monténégro, l'autorité du prince est absolue, de même que sa popularité est immense. Toutes les affaires passent par ses mains et il rend fréquemment la justice sous les tilleuls de Cettigné à la façon de notre grand roi Saint Louis.

Bien que sa sévérité soit extrême vis à vis de ses sujets convaincus de méfaits plus ou moins graves, on admire la sagesse et la tolérance de son administration. Je n'en citerai comme exemple que le concordat qu'il a signé avec le St-Siège, à la suite duquel un archevêque catholique a été intronisé au Monténégro et réside à Antivari. Une telle mesure dans un pays qui ne compte que quatre ou cinq mille catholiques est la marque d'un jugement politique bien rare chez le chef d'une nation encore à moitié barbare.

Tout jeune encore le prince Nicolas a épousé la princesse Milena, superbe Monténégrine comme lui, et fille d'un des chefs illustres de sa petite armée; il a eu d'elle huit ou neuf enfants, et ce n'est point une de ses moins auda-

cieuses habiletés que d'avoir marié
tout récemment ses deux filles aînées
à deux grands ducs de la famille du
Czar.

On peut dire, sans exagération, que
la Russie est la providence de la Tzernagore. Non seulement l'empereur envoie fréquemment à son *unique ami* de
magnifiques présents, — le yacht que
nous avons admiré dans les eaux d'Antivari est un des plus récents — mais
encore on voit débarquer chaque année à Cattaro des navires chargés de
grains, apportant d'Odessa des ressources alimentaires que les Monténégrins demandaient trop souvent
naguère au pillage de leurs voisins.
On estime à plusieurs millions la valeur des subsides annuels que le gouvernement de Pétersbourg envoie
aux Monténégrins.

Ceux-ci paient en retour leurs bien-
faiteurs d'un inébranlable dévoue-
ment. En vain l'Autriche cherche à
s'attirer la sympathie de ses terribles
voisins par des concessions multipliées, tous les regards, tout l'espoir
des Monténégrins sont tournés vers la
puissante Russie et si l'on songe que
les mêmes sentiments animent aussi
les Serbes indépendants, les Dalmates, les Bosniaques, les Croates et les

Herzégoviniens soumis à l'Autriche, on revient de là-bas convaincu que l'avenir des Balkans appartient aux Slaves et la prépondérance politique aux successeurs de Pierre le Grand,

Bien des personnes taxeront d'enthousiasme irréfléchi l'horoscope ainsi tiré de la domination future des quelques centaines de milliers de Slaves qui végètent entre l'Adriatique et le Danube. Qu'importent aux nations européennes les sentiments de ces petits peuples barbares, habitant des montagnes stériles, incapables de les nourrir, sans agriculture, sans industrie, plongés dans les ténèbres de l'ignorance.

On doit, à mon sens, envisager d'autre sorte la question orientale. Les Slaves du sud ne sont pas seulement le rempart qui barre à l'occident la route de Constantinople et de l'Asie, ils sont encore la pépinière d'hommes que la Providence tient en réserve pour le repeuplement futur de notre vieille Europe.

Lorsque l'heure de la décadence, à laquelle aucun peuple n'échappe, sonnera pour la France, l'Allemagne et la race latine, lorsque l'excès du progrès et de la civilisation aura corrompu et abâtardi ces nations si fières de leur grandeur et de leurs forces, triste destinée dont apparaissent déjà les funestes symptômes, la place s'ouvrira alors à de nouveaux occupants et c'est à ces peuples, aujourd'hui sauvages et à demi ignorés, que reviendra la mission de régénérer le monde.

Représentons-nous l'empire romain au IVe siècle de notre ère : d'où venaient ces hordes diverses qui ont renversé cette puissance, la plus colossale qui ait jamais paru sur la terre? Quelle place occupaient sous le soleil les Germains, les Huns, les Wisigoths avant de quitter leurs forêts ou leurs steppes pour se ruer sur l'Europe et fonder le monde moderne sur les ruines de l'ancien? Qui pourrait dire si les guerriers d'Alaric ou les sauvages compagnons d'Attila étaient plus nombreux que les habitants actuels de la Tzernagore ?

L'implacable logique qui gouverne les évènements humains voulait qu'un sang plus pur vînt régénérer la pourriture romaine. Il était nécessaire que des races nouvelles et vigoureuses vinssent remplacer la race étiolée de Romulus et de Scipion qui ne procréait plus, ne cultivait pas ses terres, et était devenue incapable même de se défendre.

Il me semble voir dans les Monténégrins quelqu'une de ces tribus auxquelles une mission semblable est réservée dans un avenir plus ou moins
lointain. Là-bas le sang est généreux;
les mœurs sont pures et les unions
sont fécondes, et si la population
n'augmente point dans de fortes proportions, c'est que la rudesse du climat et l'insuffisance des soins donnés
à la première enfance, tuent dès le
berceau, tous les rejetons débiles de
cette forte race, opérant ainsi une sé-
lection naturelle qui perpétue sa vigueur et sa pureté.

Tant que les Slaves resteront confi-
nés dans leurs landes ingrates, ce
n'est point là que s'épanouiront leurs
destinées; mais vienne le jour où sera
rompu l'équilibre qui maintient les
peuples voisins dans leurs limites
d'aujourd'hui, et l'on verra ce peuple
se répandre et foisonner au loin,
comme un torrent qui ne s'arrête
qu'après avoir inondé et rempli les vallées rencontrées sur sa route.

D'ailleurs l'idée que se font les Slaves
de leur propre patrie n'est point celle
des peuples qui se sont installés depuis longtemps dans une région riche
et fertile; la patrie pour nous est le
sol où nous vivons, la patrie pour eux

est là où ils trouveront l'extension de leur race.

Cette idée de race dans les Balkans domine toutes les autres. Le Serbe, le Monténégrin, le Croate, sont frères, quoiqu'appartenant à trois nationalités différentes. L'idée de race prévaut même sur les divisions religieuses. Les Slaves du sud sont en grande majorité schismatiques et pourtant nous trouverons leurs espérances, leurs aspirations et leur drapeau confiés aux mains de Monseigneur Strossmayer, évêque catholique de Diacovo près d'Agram.

***

Ce qui frappe le plus le voyageur dès ses premiers pas au Monténégro, c'est le costume des hommes et la condition des femmes.

Le costume monténégrin, popularisé par la gravure et la photographie, se compose d'une sorte de culotte bleue à la Turque, attachée au-dessous du genou par des jarretières, tandis que le bas de la jambe s'emboîte dans des bottes de cuir ou des molletières de laine qui se moulent sur la jambe admirablement musclée ; une tunique de drap blanc, plissée à la ceinture et soutachée de broderies, s'ajuste à la taille : mais, le plus souvent, la tunique est remplacée par une veste rouge sous laquelle se montre un gilet garni de broderies de soie ou lamé d'argent.

Sur la veste ou la tunique s'enroule une large ceinture de cuir rouge, en travers de laquelle sont passés les pistolets aux crosses ciselées, le poignard à manche d'ivoire, nommé *kandjar* et souvent aussi l'inséparable *chibouk*.

Sur la tête une calotte rouge cylindrique et basse, dont les bords sont recouverts d'une enveloppe noire ; un croissant de filigrane d'or en orne le fond. Le crêpe noir qui enveloppe cette *kappa* marque le deuil de la patrie slave depuis la défaite de Kossovo.

Tel est, sommairement décrit, le costume monténégrin, véritable uniforme national, sans lequel nul, depuis le prince régnant jusqu'au dernier pâtre de la Montagne Noire, n'oserait se montrer nulle part.

Les distinctions sociales ne se manifestent que par la richesse plus ou moins grande des ornements et des étoffes. Un costume de riche Monténégrin ne coûte pas moins de mille florins, et dans cette somme ne sont pas

comprises les armes dont quelques-
unes atteignent une valeur plus considérable encore

Il est d'ailleurs malaisé à un étranger de se procurer d'anciennes armes
monténégrines, parce que les pistolets ou les poignards, de même
que les costumes, se transmettent de
génération en génération dans chaque
famille et constituent un patrimoine
dont il est en quelque sorte déshono-
rant de se départir.

Ainsi en est-il également des bijoux,
souvent remarquables, dont les femmes
font leur parure. Toutefois le costume
féminin est infiniment moins intéressant que celui des hommes ; les occu-
pations pénibles auxquelles elles se
livrent éteignent, chez les Monténégrines, jusqu'à la coquetterie qui est
l'apanage du beau sexe sous toutes
les latitudes.

On distingue les jeunes filles des
femmes mariées à leur coiffure ; les
premières portent gentiment la kappa,
tandis que tombées en puissance de
mari, elles se couvrent la tête d'une
étoffe de laine assez disgracieuse.

Le type de la femme monténégrine
ne le céderait point en beauté à celui
des hommes, si les rudes travaux
qu'elle remplit ne lui enlevaient trop

tôt les gracieuses allures et le charme étrange de la jeune fille.

La femme monténégrine cultive la terre, entretient le ménage, garde les bestiaux, va chercher au loin l'eau si rare dans la montagne et porte tous les fardeaux.

On aurait peine à croire avec quelle adresse et quelle énergie, ces malheureuses grimpent à travers les rochers, portant sur leurs épaules des fardeaux de quarante ou cinquante kilogs, accompagnant partout leur époux et maître, que toute charge autre que ses armes et son chibouck déshonorerait vis-à-vis de ses compatriotes.

Je me suis laissé dire que ces mêmes hommes, si durs pour leurs laborieuses compagnes, les récompensaient par un caractère affectueux, et par une fidélité à toute épreuve, différant en cela de l'Arabe qui, en toute circonstance, traite la femme comme une bête de somme et ne conserve vis-à-vis d'elle, ni tendresse, ni attachement.

***

Il serait plus que surprenant que l'on trouvât à faire chère lie dans la capitale du Monténégro; en vain le maître-d'hôtel, qui cumule avec cet

emploi celui de factotum et d'inten-
dant du prince, nous affirma qu'il
avait depuis deux mois un excellent
cuisinier italien ; son boniment fut de
nul effet, cette nationalité nous parais-
sant aussi suspecte en art culinaire
qu'en droiture politique. Une inspection
sommaire des coulisses de la salle à
manger ne nous édifia que trop sur la
qualité des mets et la propreté de l'ou-
tillage.

Mais à défaut d'une nourriture de
choix, nous trouvâmes à la table
d'hôte plusieurs personnalités curieuses : le médecin du prince, dont j'ai
eu l'occasion de parler, le rédacteur
en chef du journal de Cettigné — car il
y a un journal hebdomadaire et offi-
ciel à Cettigné ! —plus deux ou trois autres convives, dont la profession et la
nationalité nous échappèrent.

Tous parlaient le français, et nous
nous disposions à entrer en conversation avec eux lorsque un personnage
nouveau fit son entrée et vint prendre
place tout à côté de nous : c'était un
homme de quarante ans à peine,
grand, mince, à la tournure élégante,
quoiqu'un peu raide, habillé à l'anglaise, et d'une correction distinguée.

A peine attablé, le nouvel arrivant
nous adressa la parole en français

avec un léger accent britannique.

N'ayant vu de ma vie un fils. d'Albion s'adresser le premier à des inconnus qui ne lui étaient pas présentés, je lui dis sans hésiter :

— Vous êtes Américain, Monsieur ?

— Non, Monsieur, je suis Anglais, en excursion dans les Balkans, et retenu depuis huit jours à Cettigné par suite d'une chute d'une vingtaine de mètres que j'ai faite en escaladant un rocher. Des Monténégrins, qui m'avaient vu choir, se précipitèrent pour ramasser mes restes et me relevèrent, étonnés de me trouver vivant, moins étonnés que moi cependant, car j'aurais dû me tuer, et j'en suis quitte pour de fortes contusions. Ce qui prouve qu'on ne meurt qu'à son heure. Mais pour l'instant me voici contraint de renoncer à traverser l'Albanie par où je comptais gagner à pied Constantinople. »

Tout cela était dit avec flegme, humour et simplicité. Nous étions en face d'une individualité aussi intéressante qu'originale.

Parmi les gens qui voyagent, il en est que leur tempérament porte à admirer la nature, d'autres se plaisent à étudier les types variés sous lesquels se présente l'espèce humaine; je passe sous silence ceux qui n'observent rien et se contentent de voyager comme des colis ; il est à craindre qu'ils soient les plus nombreux.

Je respecte infiniment les fanatiques de la belle nature et je comprends aussi ceux qui disent que l'homme n'a été créé que pour la gâter à la façon d'un cirron qui réduit le chêne en poussière. Mais le cirron, si malfaisant soit-il, est encore un intéressant sujet d'études. Si l'homme, partout où il passe, enlève quelque beauté à la parure dont le Créateur a doté son œuvre, du moins faut-il reconnaître qu'il lui communique l'intérêt qui s'attache à tous les êtres vivants. Ce que nous aimons dans le désert, c'est la caravane qui le traverse, dans l'immensité des mers l'esquif qui les sillonne. Bien rares sont les âmes à qui suffit le spectacle éternellement monotone de la nature inhabitée.

A s'écarter des chemins battus par la foule des touristes de tous pays on perd l'occasion de contempler le type banal du voyageur qui ne descend que dans les hôtels recommandés par son guide, n'admire que les merveilles cataloguées et n'accomplit que les courses prescrites ; mais on y gagne de rencontrer des personnalités originales et de découvrir des sujets d'admiration au moins inattendus. A mon humble avis, le gain surpasse la perte et d'autant plus vif est le plaisir de faire ces rencontres ou ces découvertes qu'elles sont achetées par une pénurie de confortable plus absolue et une plus rude fatigue; toutes choses en ce monde n'ayant de valeur que par la peine dépensée à les obtenir.

Un hasard bienveillant venait de jeter sur notre route, dans la personne de cet Anglais contusionné à Cettigné, une de ces individualités singulières qu'on ne rencontre guère sur le pavé de nos grandes villes.

Heureux d'une aussi riche proie, nous fimes en sorte de nous l'approprier pour quelque temps, et comme le mauvais temps nous contraignait de renoncer à l'excursion projetée à Riéka et à Scutari d'Albanie, nous lui offrimes une place dans notre voiture pour rentrer à Cattaro.

Cette offre acceptée, nous partimes vers six heures du soir, la pluie tombant toujours, pour parcourir à nouveau l'admirable route de Cettigné aux Bouches de Cattaro.

Notre nouveau compagnon n'avait pour tout bagage qu'une couverture et un nécessaire de toilette serrés dans une courroie.

Cet équipement sommaire pour un voyageur en route depuis deux mois à travers la Bulgarie, la Bosnie, la Serbie et le Monténégro augmenta encore l'étonnement que nous causait cet aimable mais étrange fils d'Albion. Il nous conta que dans tous ses voyages — et il passait sa vie à voyager — il avait dès longtemps coutume d'acheter, partout où il passait, les objets nécessaires à sa personne et de les rejeter aussitôt mis hors d'usage.

Ce touriste infatigable, qui connaissait tout l'Orient depuis Raguse jusqu'à Samarcande, et depuis Kartoum jusqu'à Nijni-Novgorod, qui par deux fois avait remonté le Nil en dahabieh; qui avait campé quinze jours durant dans les ruines de Palmyre, qui parlait comme sa langue natale tous les idiomes des pays qu'il traversait, le slave, le turc, le persan, l'arabe, le roumain, le grec et l'italien, nous intriguait plus que tout ce que nous avions encore rencontré sur notre route.

Il avait connu Livingstone, Skobeleï, Arabi-Pacha, Stanley, Gordon et les plus illustres diplomates de notre époque; il nous dépeignait leur caractère, nous vantait leurs mérites et leurs

travers, contant sur eux mille anecdotes dans un français clair, humou-
ristique et incisif. Rarement j'ai entendu exprimer en si peu de mots une
telle variété d'idées, toujours prime-
sautières et perpétuellement originales.

Anglais jusqu'aux moëlles, M. B.
n'avait pas mis le pied, depuis plus
de seize ans, sur le sol de sa patrie ;
mais dans toutes ses phrases éclatait
l'orgueil de la puissance britannique ;
il détestait cordialement M. Gladstone
et les wighs, ce qui ne nous étonna
plus quand il nous eut déclaré qu'il
était le correspondant oriental du *Standard*.

Dans l'intervalle de ses continuelles
excursions il résidait tantôt à Constantinople, tantôt à Belgrade, tantôt à
Bucharest. Pendant un séjour de plusieurs mois en Egypte, il avait fait la
connaissance de notre collaborateur
Maurice Caire, alors qu'il rédigeait le
Bosphore Egyptien, organe des intérêts
français dans le Delta, si brutalement
supprimé par la police anglaise au
début de l'occupation néfaste consen-
tie par le ministère de Freycinet.

Dans notre bon pays de France où
les forces éparses du journalisme sont
employées à se combattre et à s'anni-

hiler, où tant d'intelligences sont tournées vers l'intrigue et le chantage mis au service de capitalistes indélicats, où les questions étrangères, que personne n'étudie, ne préoccupent les esprits qu'au moment psychologique où les crises éclatent, nous n'avons aucune idée de l'importance accordée dans le monde politique à de simples correspondants du *Times*, du *New-York-Herald*, du *Standart* ou du *Daily-News*.

Il n'est pas de sacrifices auxquels ces journaux ne consentent pour entretenir au loin des hommes éminents, avec qui la diplomatie européenne doit compter, tels que des Borner et des Blowitz ou des explorateurs infatigables tels que Stanley, capables au besoin de planter le drapeau de leur patrie sur des rivages inconnus. J'ajoute que presque toujours ces hommes énergiques sont doublés d'agents politiques d'une merveilleuse sagacité.

Qu'avons-nous à opposer en France à cette pléiade de correspondants des grands journaux anglais à l'étranger? Quelques publicistes d'ordre inférieur qui vivotent à Berlin ou à Vienne, au compte de deux ou trois feuilles de Paris, *le Temps*, *les Débats* ou *le Soleil*. Sans relations, sans autorité, souvent sans compétence, ils se bornent à en-

voyer à leurs directeurs des notes dé-
cousues, glanées misérablement dans
les ambassades ou les consulats français, tandis que l'innombrable tourbe
des journaux éphémères que Paris
voit éclore et mourir chaque année en
est réduite aux renseignements offi-
cieux de notre banale agence Havas.

C'était l'un de ces hommes, agent
politique autant que journaliste, que
nous avions la bonne fortune de ramener de Cettigné à Cattaro.

Etait-il venu parcourir les Balkans
en tous sens comme simple touriste?
Je me permettrai de n'en rien croire,
et le *Foreign office* doit le savoir
mieux que nous.

Toujours est-il que nous nous effor-
çâmes de notre mieux pendant deux
jours de mettre à contribution les connaissances de notre compagnon sur
les hommes et les choses de l'Orient.

Vers 7 heures, nous approchions
du point culminant de la route de
Cattaro; j'ai dit précédemment que
l'on franchit un col qui s'élève à
1325 mètres au dessus du niveau de
l'Adriatique. La pluie avait cessé et les
derniers rayons du soleil couchant em-
brasaient le colossal entassement de
montagnes qui forme la Tzernagore.

Au delà, dans la direction du sud, les eaux du lac de Scutari, qui sépare le Monténégro de l'empire Ottoman, étincelaient comme un large miroir vermeil encadré dans les rochers grisâtres ; plus loin encore s'étendait sur une moitié de l'horizon le panorama des montagnes neigeuses d'Albanie, dont le principal sommet, le *Dormitor*, s'élance à 2,600 mètres de hauteur.

Cette chaîne, dont les sommets et les vallées sont à peu près inconnus et inexplorés, rappelle beaucoup plus par sa forme tourmentée les Pyrénées que les Alpes. Plus de cinquante kilomètres nous en séparaient ; et j'emporte le regret de n'avoir pu me livrer à la moindre excursion à travers ces monts mystérieux qui forment le massif le plus important de toute la péninsule balkanique.

Je me permets de les signaler aux alpinistes plus courageux ou moins pressés que nous. Ils trouveront là des émotions de plus d'une sorte ; car, s'ils échappent à l'agrément de choir dans un précipice, il leur reste la chance d'être empalé sur les cornes d'un bouquetin ou affûté à la carabine par quelque Albanais famélique, aussi dénué de moyens avouables d'existence que de considération pour les membres du Club Alpin Français.

Mais bientôt le col est franchi. Nous redescendons à travers un dédale de rochers semblables à une mer aux vagues géantes subitement pétrifiées. La route défoncée et ravinée est mauvaise. Nos chevaux, qui en sont depuis deux heures du matin à leur soixante-cinquième kilomètre, seront incapables de nous ramener le même soir à Cattaro; il nous faudra coucher en route et comme nous n'avons devant nous d'autre village que celui de Niégous, le lieu où nous nous gîterons pour la nuit ne donne prise à aucune discussion.

Arrivés à 9 heures du soir à Niégous, avec l'intention d'y prendre quelques heures de repos indispensable.... à nos chevaux pour continuer leur route, nous ne savions guère où nous allions reposer notre tête dans la patrie du prince Nicolas.

Fort prudemment nous avions à Cettigné glissé dans nos bissacs quelques modestes provisions et l'on nous avait obligeamment averti, que là bas, au bout du village de Niégous, le long de la route à gauche, se dressait une petite maison habitée par une vieille femme qui dispose de deux lits à l'usage des étrangers attardés dans ces parages.

Le renseignement était exact ; nous trouvâmes sans encombre la femme et le gîte, mais de couvert point ; nous avions par bonheur ce qu'il fallait pour n'être pas réduits à la fourchette de notre grand aïeul Adam.

A cet égard, la couverture mystérieuse de M. B... recélait d'inappréciables trésors. Nous en vîmes sortir comme par enchantement un couteau, une fourchette, une assiette de métal, une succulente conserve de Liverpool, remise au reporter par le ministre d'Angleterre à Cettigné, plus une bouteille de wiskey qu'avec une nationale fierté il nous vanta comme le véritable nectar oublié par les dieux sur la terre.

En pays dalmate on trouve partout des œufs, du fromage détestable, du vin de bonne qualité et du café d'excellent arôme.

Nous réalisâmes donc, au demeurant, un repas très passable dans la chaumière de notre vieille hôtesse. Tandis que nous y faisions honneur de notre mieux, celle-ci nous apporta avec une fierté mal déguisée un méchant petit papier jauni, graisseux et déchiré sur les bords ; une phrase écrite en anglais recommandait aux étrangers la maison et la table de cette auberge sommaire ; elle était signée : duc de Hamilton et contresignée, de plusieurs autres grands noms de l'angleterre. M. B..., ravi de trouver là la griffe de ses illustres compatriotes, dont plusieurs lui étaient personnellement connus, nous déclara qu'un gentleman comme Hamilton ne saurait mentir et que nous pouvions compter sur une nuictée paisible en des lits moëlleux.

Hélas, le certificat complaisant prouvait simplement que le duc de Hamilton est moins qu'exigeant, quand il voyage au Monténégro.

Fort heureusement pour nos épidermes, la nuit fut courte et, à deux heures du matin, nous remontions en voiture et notre véhicule, aux vigoureuses réactions, se remettait en route à la lueur indécise de deux misérables falots.

Nous redescendîmes en trois heures l'incomparable route de Cattaro et, vers 5 heures du matin, le cocher nous déposait devant la passerelle du *Nil*, de la Compagnie du Lloyd austro-hongrois, en partance pour Raguse.

Les Bouches de Cattaro, les Echelles,

le Monténégro et ses curieux habitants, resteront gravés dans notre mémoire comme un des souvenirs de voyage les plus ineffaçables que l'on puisse rapporter d'un lointain pays.

*
* *

Une assez nombreuse société se pressait sur le *Nil*. Il y avait là des officiers autrichiens ou hongrois et leur famille, quelques fonctionnaires, des Monténégrins, des Dalmates et des voyageurs de commerce de nationalité allemande.

Au bout de quelques heures, une conversation animée réunissait la plupart des passagers dans le salon des premières, et, comme il arrive toujours en Illyrie, on causait politique et nationalités. Parmi les interlocuteurs, les uns avaient pour langue maternelle le slave, d'autres l'italien, ceux-ci l'allemand et ceux-là le hongrois ; aussi pour s'entendre en étaient-ils réduits à parler français.

Le gouvernement austro-hongrois était fort malmené par les Slaves, à la barbe même des officiers impériaux et royaux ; on y accusait le gouvernement de se montrer injuste, tracassier et mesquin vis-à-vis de ses sujets bal-

kaniques, on lui prédisait que jamais
la Bosnie et l'Herzégovine ne se sou-
mettraient de cœur à l'Autriche, on
déclarait que depuis leurs quatre-
vingts années d'occupation les Autrichiens n'avaient su conquérir aucune
sympathie parmi les Slaves du sud.

Les Hongrois surtout étaient accu-
sés d'empêcher, par leur orgueil et
leur insatiable ambition, tout rapprochement entre les races qui peuplent
l'empire.

Il ne faut jamais oublier que les
Hongrois, race absolument distincte
des Allemands et des Slaves, sont
pour les uns et les autres un objet de
haine héréditaire.

Descendants, dit-on, des Huns, les
Hongrois se sont répandus dans les
premiers siècles de notre ère dans les
immenses et fertiles plaines que baignent le Danube et la Theiss ou Tisza,
leur rivière nationale; ils ont pénétré
comme un coin à travers le monde
slave et ont ainsi violemment séparé
les Slaves du Nord des Slaves des
Balkans.

A l'heure actuelle, les six à huit
millions de Magyars qui peuplent la
Hongrie se considèrent comme les maîtres de l'empire des Habsbourg. Depuis
bon nombre d'années, c'est à des Hon-

grois qu'est dévolue la présidence du Conseil, et je sortirais par trop de mon sujet à vouloir citer toutes les mesures qui témoignent des ambitieuses visées de cette race.

Les Magyars comprennent que l'empire d'Autriche est destiné à céder la place en Allemagne à l'omnipotence prussienne et qu'il aura à conquérir du côté des Balkans ce qu'il perdra dans le Nord ; déjà ils se voient à la tête de ce nouveau groupement de populations hétéroclites qui semblent peu disposées d'avance à subir leur domination.

Aussi les Hongrois sont-ils cordialement détestés des Slaves, des Tchèques, aussi bien que des Allemands, et cette auréole de grandeur d'âme, de loyauté et de courage, dont notre chauvinisme candide les entoure, n'a certainement pas été importé des côtes d'Illyrie ou des montagnes de la Bohême.

Nous nous imaginions de tout cœur que les Hongrois sont nos amis; leur représentant le plus autorisé, M. Tisza, dans un discours dont on n'a pas oublié les termes, s'est chargé de nous arracher cette illusion.

Les Hongrois sont avant tout les ennemis des Slaves, c'est-à-dire des

Russes, et je ne sache pas que ce sentiment soit pour nous inspirer une bien vive sympathie à leur égard.

Là-bas, comme en notre cher pays, les discussions politiques font monter la conversation à un diapason fort élevé, et l'on croirait entendre des adeptes de Boulanger s'expliquant avec des opportunistes.

A un certain moment, l'un des officiers autrichiens s'adressant à un Dalmate qui le pressait trop vigoureusement s'écria :

— Vous oubliez, Monsieur, que vous êtes ici en Autriche.

— Pardon, répondit le Dalmate, dites plutôt que c'est l'Autriche qui est chez les Slaves.

Ce mot résume très nettement l'idée que se font tous les peuples illyriens de la domination autrichienne.

Singulière situation politique que celle de cet empire où fleurit non point le dualisme, — mais qu'on me pardonne ce mot barbare — le quadralisme, représenté par les Allemands, les Magyars, les Slaves et ces excellents Italiens qui n'ont certes pas rayé du nombre de leurs espérances la possession prochaine de Trieste, de Trente et même de Zara.

Une observation bien banale donne

la note de l'état d'incroyable division
où se trouve cet empire.

Sur les navires, dans les gares, dans
les administrations publiques, tous les
avis, communications ou arrêtés doivent être écrits en quatre langues:
allemand, italien, slave et hongrois.
C'est le seul moyen que le gouvernement ait encore trouvé de se faire comprendre de tous ses administrés.

Ces diverses populations hurlent ou
gémissent de se trouver réunies sous
un même joug, et tout fait prévoir que
ces dissentiments profonds ne feront
que s'accroître, et si jamais une guerre européenne vient à éclater, on se
demande comment l'Autriche parvien-
dra à mobiliser contre le même ennemi, les Hongrois, les Italiens et les
Slaves.

— « L'Autriche, c'est la Turquie de
l'avenir » me disait un jour un diplomate qui connaît son Orient, et en attendant tous les regards se tournent
impatiemment vers la sainte Russie.

VI

RAGUSE

Histoire de la République de Raguse. — Le
maréchal Marmont. — Les platanes de Canossa. — De Raguse à Spalato. — La bataille
navale de Lissa. — Le Colonel Pfaifairs.

Après avoir égrené de nouveau,
sans en oublier aucun, le pittoresque
chapelet de villages qui égaient les
Bouches de Cattaro, réveillant en
nous les impressions de notre première traversée dans ce grandiose
paysage, nous doublons lentement la
pointe d'Ostro, hérissée de batteries
autrichiennes et tournons brusquement au nord dans l'Adriatique, qui
étale devant nous la majesté infinie
de ses flots azurés. Une fraîche brise
succède au calme qui régnait dans
le golfe abrité par les hautes monta-

12

gnes, et d'innombrables flocons d'é-
cume parsèment la plaine humide,
comme dirait Homère, ce vieil ami de
nos jeunes années.

C'est le moment où les tempéraments
sensibles sont partagés entre leur passion pour la belle nature et les angois-
ses moins poétiques que le roulis
éveille au plus profond de leurs entrailles. Pour beaucoup d'entre eux,
hélas, la seconde sensation ne tarde
pas à étouffer la première; la physio-
logie prend le pas sur l'esthétique, et
l'on voit ces infortunés se livrer à
des explosions auxquelles le plaisir
ou l'admiration sont totalement étrangers.

— Dans combien d'heures serons-
nous à Raguse ? interrogent-ils, an-
xieux, leurs amis ou leurs voisins.

— Dans trois heures environ, leur
est-il répondu.

A franchement parler, la vue de la
rive dalmate ne mérite pas d'éloges
spécialement flatteurs ; nous retrouvons bien là cette côte aride et inhospitalière qui, sans interruption, a borné
notre horizon depuis Corfou.

Voici enfin la petite ville de *Ragusa-
Vecchia* dont les blanches maisons se
détachent à mi-côte sur les rochers
arides ; puis, devant nous, se dresse

comme une croupe sombre sous le soleil étincelant l'îlot de Lacroma, entièrement recouvert d'une végétation crépue comme la toison de quelque monstre antédiluvien.

A droite de cette île, on voit baigner dans la mer les fortifications massives de la cité de Raguse, entre les rochers de la rive et le promontoire de Lopad surchargé de villas.

Les bateaux du Lloyd n'abordent point au petit port de Raguse; ils doublent la pointe du Lopad et s'engagent dans l'étroite rade de Gravosa, admirable port naturel, abrité par de hautes collines contre les terribles vents de l'Adriatique.

Une route longue de trois kilomètres, aussi poudreuse, aussi aveuglante que les plus beaux spécimens que puisse offrir la Provence, réunit Gravosa à Raguse; de nombreux jardins à la végétation tropicale bordent cette avenue rendez-vous de la population élégante ou non de Raguse. On pénètre dans la vieille ville vénitienne, fortifiée jusqu'aux dents, par une porte bastionnée, crénelée, à herse et à pont levis qui se nomme la Porte de *Pille* et débouche sur la rue principale de la ville, le *Stradone*.

Mais avant de décrire Raguse, qui

nous a paru la ville la plus intéressante, sinon la plus peuplée de la côte illyrienne, qu'on me permette une courte parenthèse historique sur la république de Raguse et l'occupation française de la Dalmatie.

Raguse (en slave, *Dubrovnick*) a été fondée au VIe siècle par de pauvres fugitifs de Salone ou d'Epidaure (Ragusa vecchia), échappés à l'invasion dévastatrice des Avares. La position inexpugnable qu'occupe la ville entre la montagne et le promontoire de Lopad la désignait au choix de ces exilés. A l'abri de ses défenses naturelles et aussi des fortifications puissantes qu'ils y ajoutèrent, leurs descendants jouïrent, au milieu des bouleversements incessants dont l'Illyrie fut le théâtre, de treize siècles d'une indépendance glorieuse.

Cette petite république, qui sut se faire respecter successivement des Serbes, des empereurs de Byzance, de la république de Venise et des padischas de Stamboul est peut-être l'exemple le plus frappant que l'histoire offre au monde de ce que peuvent, contre la force brutale, le courage, la fermeté, l'habileté diplomatique et l'activité industrieuse dans les affaires commerciales.

Du VIIIme au Xme siècle nous la voyons résister victorieusement aux entreprises des Slaves de Trébigné et détruire, vers 788, la flotte des pirates sarrazins, victoire légendaire attribuée au paladin Roland, dont la statue colossale, fréquemment renversée et toujours reconstruite, orne encore de nos jours la place principale de Raguse.

Vers le Xme siècle apparait la rivalité de Raguse et de Venise déjà reine de l'Adriatique. La sérénissime république tente contre Raguse un coup de main déloyal, déjoué par un patriote dalmate, le prêtre Stojco, auquel, suivant la tradition, St Blaise révèle en songe les projets sinistres de la flotte vénitienne. Dès lors, ce saint libérateur est proclamé le patron de la cité, et St Blaise devient pour les Ragusains le rival de St Marc pour les habitants de Venise.

Isolée entre les flots de l'Adriatique et les peuples belliqueux qui l'entouraient, Raguse possédait à peine quelques arpents de terre cultivable, incapables de nourrir sa population grandissante; aussi s'acharne-t-elle, avec une merveilleuse persévérance, à s'assurer, par tous les traités qu'elle signe, des avantages commerciaux et des privilèges dans les échanges entre les peuples semi-barbares de l'Europe du Moyen Age. C'est dans cette prestigieuse dextérité politique qu'il faut chercher le secret de la longue prospérité de cette petite république.

La seconde tradition caractéristique, à laquelle Raguse resta toujours inébranlablement fidèle, fut le droit d'asile qu'elle accorda à tous ceux qui vinrent l'implorer.

Se souvenant sans doute que leurs pères avaient trouvé sur ce sol hospitalier un refuge contre les barbares, les Ragusains accueillaient les fugitifs que le malheur ou les révolutions envoyaient échouer au pied de leurs murailles et les défendaient noblement contre toutes les menaces de leurs persécuteurs et de leurs ennemis.

Vingt fois cette prétention magnanime exposa la république à l'anéantissement. Tantôt elle a à soutenir un siège de sept années contre Bodino, roi de Serbie, qui exigeait l'extradition de son oncle Radoslas dont il avait usurpé la couronne. Tantôt elle défend contre Barich, roi de Bosnie, des réfugiés bosniaques que des querelles religieuses avaient chassés de leur patrie; toujours luttant avec courage ou négociant avec habileté, elle sort victorieuse de ces rudes épreuves.

Au XIIᵉ siècle cependant, à la suite de dissensions intestines, quelques sénateurs ragusains appellent à leur secours les galères vénitiennes. Dès lors, pendant deux cents ans, Raguse tombe nominalement sous le joug de sa toute puissante rivale ; elle le secoue vers 1359 en se liguant avec les Turcs, dont elle deviendra désormais l'alliée.

Au XVᵉ siècle, un incendie formidable détruit les trois quarts de la ville ; quelques années plus tard, la peste décime sa population ; mais elle se relève rapidement de ces cruels désastres et le seizième siècle trouve la république de Raguse plus florissante que jamais.

Bientôt l'hostilité de Charles-Quint et la fameuse ligue de Venise, du roi d'Espagne et du pape contre l'empire ottoman, qui aboutit à la victoire de Lépante, vont mettre la république à deux doigts de sa perte ; elle négocie encore, et obtient des puissances alliées la reconnaissance de sa neutralité.

Ce fut enfin le tremblement de terre de 1667 qui entraîna l'irrémédiable décadence de Raguse ; à partir de cette époque si elle ne fut pas rayée du

nombre des états européens, elle le
dut pour autant à la pitié excitée par
ce terrible évènement qu'au rôle absolument effacé qui fit taire les ani-
mosités séculaires soulevées jadis par
sa prospérité.

Le commencement de notre siècle
mit fin à la république Ragusaine. Au
mois de mars 1808, Marmont lança au
nom de l'empereur Napoléon le fameux décret qui commençait ainsi :
« *La république de Raguse a cessé d'exister... »*

C'est ainsi qu'à quelques années de
distance, par une singulière anomalie,
la Révolution française anéantissait
pour toujours les deux seules répu-
bliques du midi de l'Europe, Venise et
Raguse.

L'occupation du territoire de Raguse
par les Français ne dura que six années, mais elle se signala par une administration si remarquable, que le
souvenir en est resté gravé dans l'esprit de la population actuelle, malgré
les 75 années de domination autrichienne qui l'ont suivie.

Le nom de Raguse est inséparable
de celui de Marmont, qui y mérita glo-
rieusement son bâton de maréchal et
le titre de duc.

Le passage des armées impériales

et le rayonnement du génie organisa-
teur de Napoléon et de son illustre
lieutenant en Dalmatie méritent que
nous y consacrions quelques lignes,
toutes à l'honneur du nom français.

La cause qui détermina l'occupation
française du petit état de Raguse fut
la non-exécution par les Autrichiens
d'une clause du traité de Presbourg
qui donnait à la France l'Istrie, la
Dalmatie et les Bouches de Cattaro.
Au lieu d'être remis à Napoléon, Cattaro fut livré à l'amiral russe Sinia-
vin. A peine cet acte accompli, le
territoire de la petite république fut
envahi, à titre de compensation, par
le général Lauriston, et les Ragusains
payèrent de leur indépendance la mauvaise foi autrichienne.

L'attitude équivoque de la pauvre
petite république, qui n'avait osé se
prononcer ni pour les Russes, ni pour
les Français justifiait aux yeux de l'empereur cette occupation éminemment
arbitraire.

Entrée dans la place, la division de
Lauriston ne tarda pas à être bloquée
par l'escadre russe d'une part et par
des bandes de Monténégrins du côté
de la terre. Marmont qui, en qualité
de gouverneur des provinces illyriennes, résidait à Zara, envoya à son se-

cours le général Molitor à la tête de deux mille hommes. La ville fut débloquée ; Russes et Monténégrins durent battre en retraite.

A ce moment, le gouvernement français déclarait au Sénat de Raguse « qu'il n'avait aucune intention d'occuper la ville et que les nécessités seules de la guerre avaient occasionné cette prise de possession temporaire. »

Mais, deux ans plus tard, les intentions de l'empereur avaient changé. Sur son ordre. Marmont pénétra en vainqueur dans la ville et rendit le fameux décret qui mit fin à la république de Raguse, après douze cents années d'existence, et l'annexa purement et simplement à l'empire français.

« Jamais, dit Charles Nodier, pays conquis de vive force ne subit un despotisme plus affable et plus élégant. » Ce despotisme eut soin de s'appuyer sur une administration merveilleuse d'intelligence et de rapide organisation.

Quelques années suffirent à implanter à Raguse la juridiction et les habitudes françaises ; les désastres de la guerre furent réparés, des édifices publics, des casernes, des fortifications s'élevèrent, entre autre la colossale construction qui se dresse au-dessus de la ville, la dominant de 450 mètres, et qui porte encore le nom de Fort impérial ou de fort Marmont, bien qu'il abrite depuis trois quarts de siècle les kaiserliks austro-hongrois. Des routes, les plus belles encore aujourd'hui de la Dalmatie, furent exécutées dans toutes les directions. « Depuis vingt ans, disait-on alors, les Autrichiens et le Sénat de Raguse étudiaient des projets de route, Marmont est monté à cheval et quand il en est descendu les routes étaient achevées. »

On connaît par ses faits d'armes et son admirable administration, mais plus encore par ses célèbres *mémoires* le caractère du duc de Raguse, qui serait resté une des gloires les plus éclatantes de l'empire sans la défection de 1814.

Mais l'œuvre du maréchal ne devait malheureusement profiter qu'à nos ennemis, et lorsque en 1814 l'Europe coalisée renversa Napoléon, personne ne songea à restaurer la république de Raguse; ce petit état, avec l'Istrie, la Dalmatie et la Croatie, fut la proie de la maison d'Autriche.

De cette courte mais brillante apparition de la puissance française en

Dalmatie, il ne restera que ce mot que l'empereur François I, parcourant un an plus tard ses nouvelles possessions, ne put retenir, à la vue de tout ce que les Français avaient créé en si peu de temps :

— Combien il est regrettable que Marmont n'ait pas gouverné ici quelques années de plus!

Platonique résultat et cruel épilogue d'une conquête qui coûta la vie à plusieurs centaines de soldats français et où s'engloutirent des sommes énormes pour le plus grand avantage de nos ennemis.

Ecartons les innombrables guerres de la Révolution et de l'Empire. Que d'expéditions entreprises et héroïquement accomplies par la France depuis cinquante ans qui n'eurent point un meilleur sort! A mesure que j'écris, les noms se pressent en foule au-devant de ma plume : la guerre de Crimée, la campagne de Chine, l'expédition du Mexique, et la plus insensée de toutes, la guerre d'Italie.

Quels autres résultats nous ont valu tant de sang français versé et tant de milliards jetés au vent, si ce n'est une vaine gloriole, une funeste présomption de nos propres forces et la dépopulation prochaine de notre patrie!

Don Quichotte de la Manche réside plus souvent en deçà des Pyrénées qu'au delà des monts.

*
**

Étroitement resserrée entre la montagne et la mer et ceinte de puissantes murailles qui lui donnent un aspect farouche, Raguse compte aujourd'hui à peine 8,000 habitants, après en avoir possédé plus de 20,000.

Une seule artère la traverse de part en part, large, plane et parallèle au rivage, le Stradone, bordé de belles maisons, toutes inexorablement construites sur le même dessin, en vertu d'une ordonnance d'un recteur de la République au XVIe siècle.

Ces quarante ou cinquante maisons, de très belle allure et de style absolument vénitien, donnent à la ville son véritable caractère ; on voit que la petite république s'attachait à copier sa puissante rivale dans son architecture non moins que dans ses institutions.

Plusieurs voies perpendiculaires, débouchent en cascades de la montagne dans le Stradone, ruelles étroites et sombres pavées, de marches d'escalier. Les maisons se rejoignent presque par leurs toitures d'un bord à l'autre de la rue; elles s'étagent, se superposent et prennent jour les unes au-dessus des autres; aussi dire de Raguse qu'elle est bâtie en amphithéâtre n'est point une métaphore, car chaque rangée de maisons forme un gradin ou une assise régulière. Les tremblements de terre et les incendies qui ont dévasté la ville ont permis à ses architectes d'adopter cette disposition uniforme, dont l'extrême déclivité du sol corrige la monotonie.

Une population dense et bruyante anime ces ruelles; des loques de couleur éclatante pendent et s'agitent de fenêtre en fenêtre, égayant le demi jour qui tombe des fissures formées par les toits en saillie.

L'extrémité du Stradone s'élargit en une place autour de laquelle se pressent plusieurs monuments remarquables, de style nettement italien, qui ne dépareraient point le Grand Canal de Venise.

Je citerai, sans en essayer la description, la *Tour de l'Horloge*, le *Corps de Garde*, la *Douane*, édifice ravissant formé d'un portique surmonté de grandes baies ogivales d'une admirable pureté de lignes; des inscriptions originales, en latin, ornent la façade,

entre autres celle-ci: *Pondero cùm mer-
ces, ponderat ipse Deus.* (Quand je pèse
mes marchandises, c'est Dieu lui-
même qui les pèse); le *Palais du recteur*, c'est-à-dire du fonctionnaire qu'en
France nous décorons du titre de pré-
sident de la République. Dans ce
palais ont été réunies plusieurs col-
lections, un musée d'histoire naturelle,
une bibliothèque et un musée archéologique, où l'on admire l'étendard de
Raguse, des trophées conquis sur les
ennemis de la République et enfin des
drapeaux français et des uniformes
de l'armée de Marmont.

Tous ces monuments sont construits
en pierre de Dalmatie, susceptible de
prendre le poli du marbre et de conserver l'admirable finesse des sculptures de la Renaissance. Ces pierres
acquièrent, avec le temps, une tonalité
chaude qui donne aux édifices ragusains une patine qu'on retrouve rarement dans les palais de marbre de la
Grèce ou de l'Italie.

*
* *

Que le lecteur veuille bien se représenter une presqu'île rocheuse et
aride, se reliant à la côte dalmate non
moins aride et non moins rocheuse,

par une isthme de 3 kilomètres de large ;
au nord de cet isthme, le village et la
rade de Gravosa, profonde et encaissée ; au sud, la ville de Raguse avec
ses puissantes fortifications et son pauvre petit port, à peine accessible aux
navires d'une centaine de tonneaux,
et il aura une idée très approximative
de ce qui forme le territoire de Raguse.

Sortant par la porte de Plocce, voisine de la place des *Seigneurs*, nous dé-
bouchons sur le quai, constamment encombré, qui étreint le port garni de barques de pêche d'un modèle spécial à
l'Adriatique et nommées *Trabacoli*. Ces
embarcations, courtes et ventrues,
sont caractérisées par leur proue ca-
marde, se dressant entre deux écoutil-
les en forme de narines, d'où pendent
les chaînes de mouillage ; coquilles de
noix admirablement constituées pour
résister aux furieuses tempêtes qui se-
couent les eaux bleues de l'Adriatique.

Au milieu de ce port aux proportions
réduites et de ces modestes embarcations, un petit vapeur se donne des airs
de grand transatlantique ; c'est un paquebot italien qui, chaque semaine,
effectue en 10 heures la traversée de
Raguse à Bari dans la Pouille. Ce
service récent et la ligne plus ancienne de Zara à Ancône forment les

deux seuls traits d'union entre l'Italie
et la côte dalmate.

Une population des plus bigarrées
encombre les quais : bateliers, pêcheurs, portefaix aux costumes écla-
tants, aux types étranges. Mais le beau
sexe surtout retient notre attention ;
c'est ici que passent, pour se rendre
au marché de Raguse, les *Canalèses*,
les femmes de Castelnuovo, puis celles
de Ragusa-Vecchia, venues dans de
petites barques qu'elles conduisent
elles-mêmes à l'aviron. Chaque district, chaque localité a son costume,
ses couleurs distinctes, sa manière
spéciale de porter la coiffure ou les
ajustements, et cet assemblage forme
le plus curieux tableau vivant que
nous ayons contemplé en Dalmatie.

En face de nous, droit au sud, se
dresse, à un kilomètre de distance, la
petite île de Lacroma. En quelques
minutes un batelier nous y conduit.
Un fouillis impénétrable de végétation
presque tropicale s'étend sur cet îlot
d'un kilomètre carré ; des allées étroites, des sentiers capricieusement tracés et religieusement entretenus dé-
coupent le sol en tous sens ; ils se re
courbent, se déroulent, se bifurquent, se
recroisent en tous sens, avec le des-

sein systématique d'égarer le prome-
neur qui pourrait errer ainsi longtemps
dans la solitude charmante de cette
nature chaude et plantureuse, si une
ligne télégraphique, nouveau fil d'A-
riane, ne le guidait à travers ce labyrinthe. Ce fil aboutit à un vaste château qui fut, ainsi que l'île entière, la
propriété du malheureux empereur
Maximilien, puis de son neveu l'archiduc Rodolphe. On comprend que ce
site dut captiver la nature à la fois rê-
veuse et chevaleresque de l'empereur
éphémère du Mexique et plaire au tempérament fantasque du fils de l'impératrice Elisabeth ; aussi l'un après l'autre, y firent-ils chaque année des
séjours prolongés.

La fin tragique de ces deux princes
a confirmé une légende qui nous fut
contée à Raguse : au Moyen Age s'é-
levait, à l'emplacement du château
actuel un monastère fondé par Ri-
chard Cœur-de-Lion, sauvé là miracu-
leusement d'une tempête qui l'avait
assailli à son retour de la terre sainte.
Pendant le XIVᵉ siècle, les moines qui
l'occupaient furent, dit-on, iniquement
chassés de leur résidence ; depuis cette
époque, le courroux céleste s'est
acharné sur les possesseurs de l'île et,
d'après les érudits de Raguse, tous sans

exception, depuis cinq siècles, auraient
péri de mort violente.

Mais la situation merveilleuse du
château, qui de son oasis de verdure
domine orgueilleusement les flots
infinis de l'Adriatique, le somptueux
jardin en terrasse qui le borde, les belles
futaies qui l'environnent, ne man-
queront point d'attirer ici de nouveaux
propriétaires, malgré l'avenir menaçant prédit par la légende.

Raguse est le siège d'un consulat
français et aussi la résidence de plusieurs ministres plénipotentiaires du
Monténégro, notamment du représentant de la France. Ce poste, occupé pendant plusieurs années par M. Patrimo-
nio, jadis résident à Madagascar et aujourd'hui ministre de France en Serbie,
a été confié depuis quelques mois à
un jeune diplomate du plus brillant
avenir, M. Gérard. M. Gérard a longtemps habité l'Allemagne ; très jeune
encore il remplit à Berlin des fonctions
qui le mirent au courant de bien des
secrets de la diplomatie prussienne ;
de là il passa à la légation de Was-
hington, puis devint conseiller d'ambassade à Madrid, sous les ordres de
M. Andrieux, et à Rome, qu'il quitta à
l'avènement de M. Mariani, pour venir
résider à Raguse. Peu d'hommes

connaissent aussi bien que lui les questions brûlantes de la politique contemporaine, et lorsque paraît dans telle ou telle revue un de ces articles à sensation sur la diplomatie, qui font le tour de l'Europe, il est un des cinq ou six personnages à qui la paternité en est attribuée.

Les plénipotentiaires étrangers, en résidence à Raguse, vont chaque mois à Cettigné présenter leurs hommages à la cour monténégrine.

La première visite de M. Gérard au prince Nicolas coïncida avec la fête de l'inauguration de l'Exposition et du Centenaire de 1789.

Ce jour-là, ordre était donné à tous les représentants de la France à l'Étranger de réunir en un banquet patriotique la colonie française résidant dans le centre où ils étaient accrédités. Or, la colonie française à Cettigné se réduisait à M. Gérard et à son chancelier. En cette occurrence, le prince Nicolas voulut bien se souvenir qu'il avait fait ses études au lycée Louis-le-Grand; il déclara qu'il serait heureux d'accepter une invitation du ministre français et de boire à la prospérité de la France et au succès de son Exposition.

C'est ainsi que la cour du Monténé-

gro célébra cordialement cet anniver-
saire à la table de notre représentant.

A notre époque où la politique allemande semble réussir à isoler notre
pays de presque toute l'Europe,
cette démarche est plus que signifi-
cative.

Nous avions pour M. Gérard une re-
commandation spéciale que nous nous
hâtâmes de mettre à profit. Notre ministre est un homme de 36 à 37 ans,
d'une amabilité et d'une distinction
parfaites, et comme l'occasion lui est
rare à Raguse de voir des Français
frapper à sa porte et que, d'autre part,
l'identité du nombre de nos printemps fit retrouver dans nos souvenirs réciproques toute une série d'a-
mis communs, il nous reçut avec
une politesse qui se changea bien
vite en cordialité et nous retint à dîner pour le jour même dans le charmant petit cottage qu'il habite à un kilomètre de la ville. Après huit jours passés dans les lamentables auberges de
Cattaro, de Cettigné, de Niégus, voire
même de Raguse, on comprendra ce
que pouvait offrir de volupté, en compagnie d'un hôte aussi séduisant, un
fin dîner préparé de la main d'un bon
cuisinier bien français; aussi cette
journée fut-elle une de plus agréables

de notre voyage et nous convînmes avec M. Gérard, pour le lendemain, d'une excursion en voiture qui devait nous prendre toute la journée : la visite du val d'Ombla et le pèlerinage aux platanes géants de Canossa.

*
* *

Tout près de l'entrée de la baie de Gravosa s'ouvre un estuaire large de deux ou trois cents mètres : une masse considérable d'eau douce et limpide y coule majestueusement entre des collines aux bords verdoyants et aux crêtes nues et calcinées. Si l'on remonte le fleuve en barque ou le long des sentiers qui suivent la rive, on se heurte, à une lieue de l'embouchure, contre une paroi de rochers calcaires, presque à pic, qui ferme complètement cette vallée, dite Val d'Ombla. C'est au pied même de ce rocher que la rivière semble prendre sa source. Mais si, franchissant cette paroi sauvage, on s'éloigne toujours perpendiculairement à la côte, on trouve, à 30 kilomètres de là, à Trébinjé en Herzégovine, une rivière qui s'engouffre tout entière dans un abîme. Tel est le cours d'eau qui, après un parcours souterrain de 7 à 8 lieues,

vient sourdre dans le val d'Ombla. et
se jeter dans l'Adriatique.

Cet accident géologique, le plus
remarquable de la rive dalmate, n'est
point un phénomène isolé sur les
rives de l'Adriatique.

J'ai dit antérieurement que le système des montagnes illyriennes se
développait parallèlement à la côte;
les cours d'eau qui viennent de l'intérieur trouvent donc sur leur route
une barrière infranchissable; les unes,
comme la Boïana forment des lacs,
le lac de Scutari, par exemple; d'autres
se redressent brusquement parallèlement à la côte jusqu'à ce qu'elles
trouvent une issue entre les rochers
d'où elles tombent en cascade comme
la Kerka, près de Sébénico; d'autres
enfin, comme la Trebinicja, s'engouf-
frent sous la montagne et vont res-
sortir en masse limpide et profonde
à quelques lieues de la mer. Bien rares sont les rivières qui, semblables à
la Narenta, trouvent dans une gorge
pittoresque une issue directe jusqu'à
la mer, formant un delta marécageux
célèbre par son insalubrité.

La formation géologique des montagnes dalmates a une grande ana-
logie avec celle des Causses de
la Lozère et de l'Aveyron; c'est la

même nature de roches calcaires, per-
méables, fissurées en tous sens, éven-
trées par des cavernes immenses, où
s'amassent les eaux pluviales. Telle,
on la voit sur la côte albanaise, en face
de Corfou, et sur les pentes dénudées
du Monténégro, telle on la retrouve
en Croatie et plus loin encore dans la
région du Karst, au-dessus de Trieste,
où nous admirerons dans quelques
jours les grottes féeriques d'Adelsberg.

Canossa est situé à une quinzaine
de kilomètres, au nord de Raguse, sur
la pente d'une colline dominant la
mer.

Ici, je prie les lecteurs de ne pas
se laisser égarer par l'identité des
noms, au point de croire que l'empereur d'Allemagne Henri IV soit
venu aux environs de Raguse faire
sa soumission au pape Grégoire VII.
Le détour eût été un peu trop prononcé
tant pour lui que pour le Souverain
Pontife. Le Canossa où le terrible
empereur vint simuler un repentir
célèbre se trouve en Italie près de
Modène.

Donc, pour nous rendre à Canossa,
nous avions à suivre une route qui,
presque au sortir de Gravosa, rencontre le Val d'Ombla. Cette route, comme
toutes celles de la Dalmatie, a été tra-

cée par Marmont; mais l'illustre maréchal n'eut pas le temps, si tant est
qu'il en ait eu le projet, d'exécuter un
pont sur un estuaire large de près de
300 mètres. On le franchit encore à
l'aide d'un bac dont la disposition bizarre mérite d'être notée. C'est un bateau à fond plat dont le pont reçoit
pêle-mêle hommes, femmes, enfants,
voitures et bestiaux. Quand, après
une demi-heure d'attente sous un soleil
aveuglant, l'appareil se met en marche,
des grincements sinistres partent des
entrailles de l'embarcation, un bruit
sourd de pas cadencés ébranle toute
la coque ; en se penchant sur le bord
d'une trappe on aperçoit, dans la cale,
quatre hommes demi-nus qui virent à
tour de bras autour d'un cabestan,
plongés dans une obscurité presque
complète ; vision lugubre : il semble
que l'on ait sous les yeux une scène
de l'inquisition ; or, ces tortionnaires
sont tout simplement les agents de
propulsion de la machine nautique ; un
câble qui traverse la rivière s'enroule
de l'avant autour du treuil, et se déroule à l'arrière.

On avance ainsi à une vitesse
moyenne de 12 mètres par minute, si
bien que l'on emploie un quart d'heure
pour passer d'une rive à l'autre.

Cet obstacle franchi, plus rien ne s'oppose à notre marche sur Canossa ; la route se développe à flanc de coteau, dominant la mer, montant, descendant par soubresauts désordonnés qui font gémir les ressorts étiques de notre pauvre carrosse.

Des champs de céréales, des vignes superbes, des vergers d'oliviers défilent à droite et à gauche, clairsemés de petits villages qu'habite une population vigoureuse, polie, bienveillante et nullement obséquieuse.

A mesure que nous avançons, la végétation devient de plus en plus puissante ; maint tronc d'olivier pourrait lutter avec les arbres que nous admirions naguère à Corfou.

Une heure et demie s'écoule ainsi, égayée par la conversation spirituelle et instructive du ministre de France au Monténégro. Nous commençons à interroger de nos regards l'horizon pour apercevoir les fameux platanes que nous sommes venus admirer. Soudain au détour d'un promontoire nous apercevons un village entier abrité sous un gigantesque dôme d'ombrages ; quelques pas encore et les deux colosses apparaissent à nos yeux.

Quelque imagination que nous nous soyons forgée de l'énormité de ces végétaux, la réalité grandiose nous frappe d'étonnement.

Des deux troncs formidables qui se dressent devant nos regards, l'un est enraciné au centre d'un terre-plein en terrasse, qui sert de place publique au village de Canossa; l'autre, situé à une cinquantaine de mètres, légèrement en contrebas, est dans une propriété particulière; un fort ruisseau capable de faire tourner un moulin coule entre eux deux; c'est dans la vertu fécondante de ces eaux vives, non moins que dans la profondeur du terrain d'alluvion qui sert de base aux deux platanes, que réside le secret de ces phénomènes de végétation.

Une ombre épaisse obscurcit tout, autour de nous. Les habitants du village, gravement assis sur le seuil de leurs maisons, semblent jouir avec orgueil de l'étonnement de ces trois étrangers.

Une plaque commémorative en langue latine, si je me souviens bien, indique que deux rameaux apportés, il y a trois cents ans, de Constantinople, et plantés en ce lieu, sont devenus les deux platanes géants de Canossa; on y lit aussi les noms des visiteurs de marque qui sont venus les admirer: l'empereur et l'impératrice d'Autriche, le prince de Galles, plusieurs princes allemands, etc.

Le premier moment d'admiration passé, nous cherchons à évaluer les proportions des deux colosses. Les troncs s'élancent droits, cylindriques, pleins et sans aucune fissure dans leur masse, semblables à la cheminée d'un navire cuirassé de premier rang; la ramure ne commence qu'à une huitaine de mètres du sol; les maitresses branches, plus grosses qu'aucun arbre que nous ayions jamais comtemplé, se dirigent horizontalement, portées comme à bras tendu par le tronc : la frondaison touffue qu'elles supportent vient balayer le sol à une distance de trente-quatre mètres du pied; tel est le rayon du cercle recouvert par le feuillage de chaque platane; la superficie ainsi abritée est donc de 3500 mètres carrés, soit plus d'un tiers d'hectare.

Nous prenons un plaisir d'enfants à mesurer la circonférence de chacun des deux fûts. A un mètre au-dessus du sol, nous trouvons un périmètre de onze mètres cinquante pour le premier, et de onze mètres pour le second.

Ce sont évidemment là deux des plus monstrueux enfants que la nature, mère ou marâtre au sein fécond, ait mis au jour sous notre planète. On ne saurait sans doute les comparer aux wellingtonias des Montagnes Rocheuses ou aux baobabs de l'Afrique équatoriale, mais je ne crois pas que notre vieille Europe puisse offrir de rivaux aux platanes de Canossa.

Non contents de toute la gloire que vaut à une modeste bourgade la possession des deux plus grands arbres de l'Europe, les indigènes de Canossa tiennent à honneur de nous montrer que leur village renferme encore une merveille d'un autre ordre. Ils nous font comprendre, qui en italien, qui en slave, que, tout à côté, dans le chœur d'une petite église grecque il y a lieu d'admirer une toile qualifiée par eux de chef-d'œuvre.

Le sacristain est requis pour nous ouvrir le sanctuaire : et une madone éclairée de toute la crudité d'un soleil éblouissant se dresse devant nos regards; pitoyable copie d'un maître italien, que les injures du temps et des retouches barbares ont réduite à un piteux état; pourtant jamais croûte inavouable ne fut entourée d'une si religieuse vénération. Nous nous retirons aussitôt, désabusés, pour passer à un plus intéressant spectacle.

On nous recommande spécialement
la visite d'une villa, située en aval du
village dans une situation pittoresque
en terrasse sur l'Adriatique. Il y règne,
en effet, un curieux mélange de recherche et d'abandon; ici des allées
d'ifs et de charmilles taillées en berceau comme à Versailles où à Schœn-
brunn, là des broussailles incultes,
ailleurs de vulgaires légumes s'étagent dans des parterres primitivement
destinés à des corbeilles de fleurs.

Le jardinier de cet éden ne tarde
pas à se montrer; il paraît flatté de
notre visite : entendant parler français,
il nous adresse la parole en notre
propre langue qu'il prononce avec un
accent britannique marqué. Sur sa
tête repose un chapeau de feutre à
coiffe pointue et à larges bords. A la
vue de ce couvre-chef caractéristique,
M. Gérard, qui se souvient de son séjour à la légation des Etat-Unis, lui demande s'il n'est pas Californien.

— Précisément, répond le bonhomme
tout étonné d'un flair aussi subtil.

Et voilà la conversation qui s'engage
en anglais sur les Montagnes Rocheuses, Chigago et le Far-West.

Puis le jardinier, de détours en détours, nous conduit auprès d'une petite
chapelle érigée au milieu de la propri-

été, et à demi enfoncé sous la mousse et
les ronces. Ses dires, corroborés par
une inscription, nous apprennent que
ce monument recouvre les restes
d'une marquise française morte ici au
commencement de ce siècle.

Quelle fut l'existence de cette compatriote qui repose oubliée sous ces pierres à demi effondrées? Nul doute qu'elle
ne se rattache au passage éphémère
de la puissance napoléonienne en Dalmatie. Quelque roman peut-être est
venu se dénouer en cette solitude. Singulière nous parut cette rencontre, devant une tombe française, dans un village slave, de deux touristes lyonnais
et d'un diplomate parisien guidés par
un jardinier né à San-Francisco et au
service d'un gentilhomme de Raguse.

Après cela, les platanes de Canossa
en ont vu et en verront bien d'autres.
Que de touristes de tous pays viendront
admirer leur ramure plus puissante,
encore et leurs troncs plus démesurés,
alors que nous aurons rejoint depuis
longtemps, au séjour de l'éternel repos, la marquise de M.

Mais comme tout prend fin, les moments de plaisir aussi bien que les
jours de tristesse, il nous fallut, le
même soir, faire nos adieux à M. Gérard et pour la quatrième fois depuis

quinze jours, ceindre le triple airain
que le vieil Horace jugeait indispensable pour affronter les flots amers de
l'Adriatique.

* *

A mesure que nous remontons vers
le nord, les services des paquebots
du Lloyd, qui a le monopole des communications sur la côte illyrienne, deviennent plus actifs et plus fréquents.

De Raguse partent quatre lignes à iti-
néraires distincts ; la première est un
service accéléré qui ne fait escale que
dans les principales villes de la Dalmatie, Spalato, Sébénico, Zara, Pola,
Trieste ; les paquebots chargés de cet
itinéraire sont plus grands, à marche
plus rapide, plus confortables que les
petits steamers de huit cents à mille
tonneaux qui zigzaguent avec une
prudente lenteur entre les nombreuses îles semées tout le long de la côte,
depuis Raguse jusqu'à Fiume, au fond
de l'Adriatique.

Le vapeur qui nous emportait était
de ces derniers. D'après son itinéraire
il devait relâcher dans les îles de Curzola, Lissa, Lésina, au total trente-six
heures de traversée pour parvenir à
notre point d'arrivée, Spalato qui

n'est distante de Raguse que d'une centaine de kilomètres.

Cette école buissonnière à travers l'archipel dalmate ne manque pas de pittoresque; elle nous présentait en outre un avantage que tout voyageur prudent doit, paraît-il, considérer comme inappréciable à cette époque de l'année : elle nous faisait éviter l'escale de Metcowitz.

Metcowitz est un petit port situé au sommet du delta de la Narenta, la plus importante des rivières de la côte illyrienne. La Narenta, descendue des hauteurs qui dominent Sérajěvo, métropole de la Bosnie, coule de l'est à l'ouest, dans une vallée étroite et pittoresque, arrose Mostar, capitale de l'Herzégovine, et vient achever son cours dans une plaine marécageuse, dont les miasmes sont un objet de terreur pour tous les Austro-Dalmates. Pendant les mois d'été principalement, la fièvre règne en maîtresse dans les parages de Metcowitz. On nous cite maint exemple d'accès pernicieux ayant foudroyé pendant une courte escale de paquebot, des malheureux qui avaient commis l'imprudence de boire de l'eau du fleuve, ou de passer la nuit exposés à ses émanations.

14

De Metcowitz part un petit chemin
de fer à voie étroite, qui remonte la
rivière pour aboutir à Mostar, à
60 kilomètres de l'embouchure; prochainement cette ligne atteindra Séra-
jévo et par là reliera l'Adriatique au
réseau des chemins de fer serbes et
hongrois; mais j'aurai l'occasion
d'expliquer plus tard les raisons politiques qui retardent l'achèvement des
lignes ferrées intéressant la Dalmatie.

Donc nous voici en route pour Spalato par la voie la plus longue et vo-
guant dans une mer tranquille, qui
nous berce d'un imperceptible roulis.

Le bateau a levé l'ancre vers minuit; nous dormons paisiblement,
lorsque subitement le ronron monotone de l'hélice se tait; un sourd
grincement de chaine qui se déroule
nous réveille en pleine nuit; il paraît
que nous mouillons en rade de Porto-
Palazzo, dans l'île de Méléda : c'est
notre première escale ; vers 8 heures
du matin, deuxième arrêt à Lagosta,
petite baie enchâssée dans un massif
montagneux qui forme l'île du même
nom.

Si je ne craignais de passer pour
un parnassien, il me semblerait ga-
lant de comparer le steamer à un
noir frelon, qui occupe la journée en-

tière à butiner de fleur en fleur à travers
la plaine azurée de l'Adriatique ; ces
fleurs sont les îles de Méléda, Curzola,
Lagosta, Lissa, et le butin qu'il en ex-
trait se compose principalement de
nectar généreux, dont les susdites
fleurs distillent chaque année des
quantités croissantes.

La façon dont les futailles de vin
sont chargées à bord est aussi primitive que pratique. Dès que les insu-
laires aperçoivent au large le navire
qui vient les visiter, ils précipitent à la
mer les tonneaux rangés sur la rive
et les enchaînent les uns aux autres :
quatre rameurs montent dans une
barque, et tandis que le paquebot
jette l'ancre, on voit s'avancer vers
lui à force d'avirons, les nautonniers
remorquant un convoi de gros demi-
muids, qui surnagent en chaîne d'oi-
gnons. Parvenus à sa portée, la grue
à vapeur du bateau les happe et en un
clin d'œil les emmagasine à fond de
cale.

L'aspect général des îles de l'Adriatique est montagneux et aride. Depuis
de longs siècles, les Vénitiens qui les
possédaient ont déboisé les sommets
pour construire leurs innombrables
galères. Sur la pente s'étage une végétation luxuriante d'oliviers, d'aloès

et de cactus, qui cèdent peu à peu la
place à la culture de la vigne. Depuis
longtemps déjà les crus des rives
illyriennes sont justement renommés.
Bien que je me propose d'y revenir,
je dois signaler en passant comme un
des plus remarquables, le vin de
Peceno, dont la patrie est l'île de
Curzola.

La population de ces îles se compose de Dalmates, c'est-à-dire de
Slaves, fortement mélangés d'Italiens ;
c'est la langue de ces derniers qui y
domine, au rebours de ce que nous
avions pu remarquer à Raguse et surtout à Cattaro.

Vers le milieu du jour nous commençons à doubler les rochers de
Lissa, l'île la plus occidentale de
l'archipel illyrien. Nous touchons à
Comisa, sur la côte ouest, puis à Lissa,
ville de trois à quatre mille âmes,
resserrée entre la mer et la montagne
et qui s'étend sur plus d'un kilomètre
de largeur en quart de cercle le long
des bords de la rade.

Les habitants de cette île passent
pour les plus habiles pêcheurs et les
plus braves matelots de l'Adriatique.
Mais Lissa doit avant tout sa célé-
brité à plusieurs batailles navales qui
furent livrées dans ses eaux.

Deux cents ans avant Jésus-Christ une certaine Ceuta, reine d'Illyrie, y attaqua les galères romaines. Toutefois il m'est impossible — ignorance impardonnable — de préciser en faveur de qui se prononça le destin des armes.

Plus tard, d'autres luttes furent engagées dans les mêmes parages entre les Vénitiens, les Turcs et les fameux pirates de l'Adriatique, les Uscoques.

En 1807, les Anglais s'emparèrent de Lissa, qui appartenait alors à la France, puis nous la leur reprîmes à notre tour, en 1810.

Enfin, c'est en vue de la même île que fut livrée, en 1866, entre les Italiens et les Autrichiens, la plus furieuse bataille navale de l'histoire moderne.

Les Italiens, dont l'armée venait d'essuyer à Custozza une défaite absolue, brûlaient de venger cet échec par une éclatante victoire navale. Beaucoup de jactance se mêlait à cette louable ardeur. Ils considéraient comme hors de doute que leur flotte, composée de onze cuirassés et d'un grand nombre de navires de second ordre, dût anéantir l'escadre autrichienne qui comptait seulement six cuirassés, plus quelques vieux navires de bois, soi-disant quantité négligeable.

Les vaisseaux italiens, sous les ordres de l'amiral Persano, sortirent d'Ancône aux acclamations d'une population en délire, pour courir sus à la flotte ennemie. Celle-ci était commandée par Tégéthoff.

Les deux escadres se rencontrèrent au nord-ouest de Lissa ; c'était le 19 juillet. Dès le début de l'action, le vaisseau amiral le *Ré d'Italia*, l'un des plus beaux cuirassés de la flotte italienne, fut coulé par le *Kaiser*. Persano, contraint par ce désastre de hisser le pavillon de commandement sur un autre navire, perdit complètement la tête, et accumula fautes sur fautes. Bientôt l'*Affondatore* eut le même sort que le *Ré d'Italia*, et, finalement, vers le soir, la flotte de Victor-Emmanuel, aussi maltraitée que l'avait été son armée, dut virer de bord et regagner Ancône dans le plus lamentable état.

Persano, sur qui on fit retomber tout le déshonneur de cette défaite, passa en jugement et perdit son grade.

A cette époque, les journaux de l'opposition, en France, poussèrent des cris de douleur sur le malheureux sort des armes italiennes. Il est curieux de retrouver dans Larousse, qui

est le porte-voix avéré de la franc-
maçonnerie, l'expression des sympathies que le parti républicain manifes-
tait alors pour la jeune Italie; ce ne
sont que déclamations indignées contre le sort qui a trahi le noble courage
des Italiens, et lamentations amères
sur l'impéritie de ce pauvre Persano,
cause de tout le mal.

En bonne équité, je ne vois pas qu'il
y eût lieu, même en 1866, de tant s'api-
toyer sur le sort d'une nation qui, battue sur terre à Custozza et sur mer à
Lissa, parvint, grâce aux canons prussiens, à dépouiller de la Vénétie la nation même qui l'avait vaincue.

Les Autrichiens se consolèrent en
faisant au brave Tégéthoff une véritable apothéose. Nous trouverons plus
loin dans l'arsenal maritime de Pola,
un musée entier, formé des présents,
des récompenses, des témoignages de
gratitude dont fut comblé l'amiral ca-
rinthien, à la suite du triomphe de
Lissa.

*
* *

Parmi les passagers qui faisaient
route avec nous vers Spalato, il en était
un qui, dès le début, nous avait particulièrement intrigués.

C'était un homme corpulent et haut

en couleur, très vigoureux encore, bien que d'âge respectable, et que tout le monde autour de nous semblait considérer comme un personnage de marque.

L'ensemble de sa personne et les lunettes dont il était orné l'auraient volontiers classé dans la race germanique ; mais la façon dont il le prenait avec les passagers et l'équipage trahissait son origine essentiellement britannique.

Règle générale : quand sur un navire vous voyez un voyageur s'approprier les meilleures places, s'asseoir à table à la droite du capitaine, réclamer avec une exigeance imperturbable les services du personnel tout entier ; traiter ses compagnons de route comme s'ils n'existaient pas, en un mot s'installer sur un paquebot comme en un immeuble à soi appartenant, vous pouvez parier à coup sûr que ce voyageur est Anglais.

L'Anglais en terre ferme a déjà une tendance caractéristique à mettre sa personnalité en évidence ; mais en mer son orgueil national éclate avec une irrésistible puissance ; il vous signifie en toutes circonstances, par sa morgue, par son assurance, par son mépris du danger, qu'il est le maître

des océans. Chacun de ses gestes tend à vous faire savoir que
les deux tiers des navires qui sillonnent
les mers sont anglais, que la moitié de
ce qui reste est de construction anglaise, que chaque bouffée s'échappant des
chaudières est de la fumée de charbon anglais ; et son dédain taciturne
pour l'équipage vous exprime élo-
quemment qu'il n'existe à ses yeux
d'autres matelots au monde que les
matelots anglais.

A cet égard, notre compagnon de
route était un pur enfant d'Albion ;
mais il joignait à ces habitudes nationales des allures qui lui étaient
propres. Il avait accaparé pour son
usage personnel la moitié de la table
du salon des premières ; les ouvrages
de la bibliothèque du bord, les cartes
marines du commandant, des guides,
des livres de géographie étaient amoncelés autour de lui. Du matin au soir
il prenait des notes, alignait des chiffres, compulsait des documents. Toutefois, il ne serait pas exact de dire
qu'il pâlissait sur les livres ; car, à ce
labeur acharné, le sang lui montant à
la tête, ses joues se coloraient d'une
teinte rubiconde plus marquée que de
nature.

A un moment donné, comme je me

trouvais près de lui, feuilletant le guide que Joanne a tout récemment édité sur la région des Balkans, le vieil Anglais me demanda fort poliment quel ouvrage je tenais à la main.

— C'est un guide français, lui dis-je, le seul, je crois, qui ait encore été publié sur la péninsule illyrienne, et je le lui tendis.

Il le feuilleta un instant, me déclara qu'il n'en avait pas encore connaissance — le guide est de 1888, — et me pria de le lui laisser quelques heures; en même temps il me dit très simplement:

— Moi aussi, j'ai fait un guide et le voici.

C'était le guide *Murray* des bords de la Méditerranée, le travail le plus complet et le plus remarquable qu'un touriste puisse consulter.

— Vous êtes donc Monsieur Murray ou l'un de ses principaux collaborateurs.

— Je ne suis pas M. Murray, mais, ainsi que vous pouvez le voir sur la première page du guide, je suis M. Plaifair, ancien colonel de l'armée anglaise et depuis vingt et un ans consul général d'Angleterre en Algérie et en Tunisie. Chaque année j'emploie un congé de deux ou trois mois à parcourir les bords de la Méditerranée,

tantôt à l'est tantôt à l'ouest, pour per-
fectionner et rajeunir mon œuvre.

Le colonel Plaifair se montra aussitôt plein d'amabilité et d'humour; et
comme il me fit l'insigne honneur de
me déclarer qu'il avait lu *de Bone à
Tunis*, par Victor CAMBON, je ne pus
m'empêcher de le trouver charmant,
en vertu de cet axiôme qu'un père
garde toujours un souvenir attendri de
quiconque lui a dit un jour du bien de
ses enfants.

Le colonel Plaifair n'était pas de
ceux qui aiment à perdre leur temps ;
je n'ai jamais vu d'homme développer
une activité semblable. Il se faisait
donner le long de la route, par le capitaine, les passagers, les matelots,
les renseignements les plus minu-
tieux sur tout ce qui se montrait à nos
regards. A chaque escale on le voyait
descendre à terre avec le canot de la
poste ; des notables du pays, prévenus par télégramme, l'attendaient sur
le rivage ; quelques instants lui suffi-
saient pour visiter les curiosités locales et il revenait à bord confier à son
volumineux carnet de notes le résultat de ses excursions.

A Lissa, une chaloupe montée par six
hommes le conduisit en trois quarts-
d'heure à un promontoire que sur-

monte un monument consacré à la mémoire des matelots autrichiens et italiens morts à la bataille de 1866. De retour de cette expédition, nous le vîmes gravir d'un pas alerte la colline sur laquelle s'élèvent les fortifications de Lissa, puis parcourir la ville, entrer dans les églises, les cafés, les cabarets, déguster les vins du cru, demander aux pêcheurs des renseignements sur leur métier. Ce fut l'affaire de deux heures, et la nuit seule put le faire rentrer sur le paquebot.

Entre temps il nous raconta un voyage récent en Corse ; n'ayant pu la visiter plus tôt, il en avait confié la description dans son guide à un jeune collaborateur.

— Vous autres, Français, nous disait-il, vous ne connaissez pas cette île qui vous appartient cependant depuis cent vingt ans. A peu de régions près, j'ai parcouru le monde entier : je puis vous affirmer que nul pays ne m'a paru plus merveilleux que la patrie de Napoléon.

Si vous la voulez connaître comme elle le mérite, renouvelez l'excursion que je viens d'accomplir.

Débarqué à Bastia ou à Ajaccio, louez un attelage de deux petits chevaux du pays ; le cocher, le carrosse et les deux bêtes, nourriture comprise, vous coûteront vingt francs par jour. Vous ferez ainsi tout le tour de l'île, et reviendrez à votre point de départ, non sans avoir poussé des pointes dans les maquis touffus, au pied des cascades écumantes, dans les gorges grandioses, et au sein de montagnes neigeuses qui se dressent au centre de l'île. C'est un enchantement perpétuel et je dois ajouter que vous trouverez partout une hospitalité cordiale, des ressources suffisantes et une propreté relative, si on la compare à la saleté italienne.

Passant à d'autres sujets, il nous contait des anecdotes sur ses séjours aux colonies comme officier dans l'armée anglaise, entre autres la suivante qui, transportée dans le monde des animaux

au temps où les bêtes parlaient,

eût pu fournir un coquet apologue au bon La Fontaine.

J'étais vers 1860, nous dit-il, gouverneur d'Aden. A cette époque, un ou deux navires de guerre français vinrent stationner dans la mer Rouge. Dans l'état-major de ces vaisseaux se trouvait un officier du nom de Lambert. Vous de-

vez vous rappeler, si jeune que vous
fûssiez alors, une *scie* qui régna quelque temps en France. Vous vivez ai-
mablement de ces innocentes manies.
La scie de cette époque était « Ohé
Lambert! » Vingt-cinq millions de
Français interjectaient dix fois par
jour cette exclamation « Ohé Lam
bert! » C'était l'officier de marine
ainsi nommé qui, paraît-il, a donné
lieu à cette scie.

M. Lambert était un marin très actif et fort intelligent. Il avait saisi d'un
coup d'œil perspicace l'avantage stratégique qu'offrait l'îlot de Périm, qui
n'appartenait alors à personne, et
adressa au ministère de la marine un
rapport pressant sur l'opportunité
pour le gouvernement français de l'occuper incontinent. Ne recevant pas de
réponse, il avait renouvelé ses ins-
tances et chaque courrier partant pour
la France emportait un volumineux
dossier sur la question.

J'eus connaissance non pas des dossiers de M. Lambert, qui s'enfouis-
saient et s'accumulaient religieusement dans les cartons du ministère,
mais des explorations auxquelles s'é-
tait livré votre officier, et alors un
beau jour, sans prévenir personne, en
Angleterre ni ailleurs, je partis sur

une canonnière et m'en fus planter le drapeau national sur l'île de Périm dont je pris possession au nom de la reine Victoria, notre gracieuse souveraine. C'est ainsi que nous opérons, nous, officiers anglais, sans crainte d'être jamais désavoués.

Pendant ce temps, les dossiers du pauvre commandant continuaient à sillonner la Méditerranée et les Parisiens trouvaient de plus en plus de plaisir à crier à tue-tête sur les boulevards : « Ohé Lambert ! »

Tout le monde sait jusqu'à quel degré les sujets anglais portent l'orgueil national, mais je croirais difficile de trouver dans le monde un tory plus pénétré que le colonel Plaifair de la supériorité de l'Angleterre sur tous les peuples civilisés.

Comme bien l'on pense, il nous tient pour de pauvres hères en matière de colonisation ; toutefois il me parut assez impartial dans ses jugements sur les hommes politiques qu'il avait rencontrés ; c'est ainsi que nous le trouvâmes plein de considération pour la capacité de M. Tirman, plus encore pour celle de M. Massicault ; tout aussi loyalement déclarait-il que M. Albert Grévy avait accompli, comme gouverneur de l'Algérie, un acte aussi tardif que mé-

ritoire : celui de donner sa démis-
sion.

Son admiration est sans limites
pour Mgr Lavigerie ; à ses yeux nous
n'avons en France que deux hommes
éminents : l'illustre cardinal africain
et le duc d'Aumale.

Concurremment, son aversion pour
les hommes du parti wigh était in-
descriptible. Il disait volontiers de
M. Gladstone que c'était pour l'Angleterre l'homme le plus néfaste de ce
siècle. Ceci nous rappela l'épithète
de « sinistre vieillard » appliqué à
M. Thiers par ses ennemis politiques.

Tandis que nous écoutions les récits du colonel notre paquebot appro-
chait lentement du port de Spalato ;
nous commencions à distinguer, éclairée par le soleil levant, l'enceinte rectangulaire du fameux palais de Dioclétien qui a donné son nom à cette
cité de vingt mille habitants, laquelle
a végété comme un champignon à travers ces ruines gigantesques.

Spalato, ainsi qu'il convient à la
ville la plus populeuse et la plus com-
merçante de la côte dalmate, possède
un port où les paquebots du Lloyd
peuvent s'accoter. Il règne ici un assez
vif mouvement de navires marchands

entremêlés de nombreuses barques
de pêche. A côté du steamer est
mouillé un yacht à voile fort élégant ;
dont la présence toute naturelle dans
un port tel que Dieppe ou Alger paraît
un phénomène dans les eaux illyriennes. Il appartient, nous dit-on, à
uno principe italiano ; c'est tout ce
que nous pouvons savoir pour l'instant.

Nous descendons à terre. Il est
8 heures du matin ; la chaleur est déjà
intolérable et nous nous souviendrons
de cette bonne ville de Spalato, comme
d'un des lieux du monde où nous nous
sommes le plus épongé le front.

Deux personnes attendaient sur la
rive l'infatigable M. Plaifair ; l'une des
deux étaient Monsignor Poulitch, ar-
chéologue chargé par le gouvernement
austro-hongrois d'explorer, grâce à
une trop modeste subvention, les
ruines du palais et les restes de Salone,
grande ville romaine gisant à deux ou
trois kilomètres de Spalato.

Fort obligeamment, le colonel nous
présente au prélat dalmate et ces mes-
sieurs nous proposent de les accompagner de suite dans leur visite.
Nous acceptons avec reconnaissance
l'offre d'un guide aussi précieux et
nous voilà en route sous le soleil brû-

lant à travers les restes du palais
que Dioclétien, las de la pourpre, s'é-
tait fait élever en guise de villa et qui
est certainement la plus étonnante
ruine demeurée debout, de l'époque
romaine.

VII

SPALATO ET SALONE

———

Le palais de Dioclétien. — Le prince Strozzi.
— Les ruines de Salone. — Un cri du cœur.
Les vignobles de la Dalmatie. — Traù. —
En chemin de fer.

Le nom de *Spalato* dont les Slaves
ont fait *Spljet* est une corruption des
deux mots latins *Salonæ Palatium*. C'est
à côté de la ville de Salone que Dioclétien, fils d'un affranchi dalmate, né à
Dioeléa, sur les confins du Monténégro
actuel et de l'Albanie, fit construire ce
palais colossal, dans les ruines duquel
est taillée la ville actuelle.

Je ne rétracerai pas l'histoire de ce
général qui, après avoir repoussé les
Barbares de toutes les frontières de
l'empire, en Asie, en Afrique, en Bre-
tagne et en Germanie, se vit porté à

la dignité impériale par la reconnaissance du peuple romain. Dioclétien est une des plus imposantes figures de l'histoire, car c'est à lui que revient la gloire d'avoir affermi pour un siècle encore la puissance romaine qui déjà croulait de toutes parts.

Parvenu au faîte des grandeurs, rassasié de gloire et de popularité, voyant l'empire consolidé par ses victoires, Dioclétien quitta la pourpre, abandonna Rome et vint finir sa vie à Salone, sur cette côte d'Illyrie où il avait vu le jour.

Plus encore que tous ses triomphes, la retraite volontaire du grand empereur a perpétué sa mémoire parmi les hommes.

Le palais qu'il s'était fait construire à Salone, malgré les dévastations successives qu'il a subies, serait encore la ruine la plus extraordinaire de la civilisation romaine si, dernier et irrémédiable outrage, une population de 12,000 habitants, semblable à une vermine parasite, n'avait, depuis plusieurs siècles, envahi son enceinte, mutilé ses marbres, rongé ses sculptures et recouvert tout l'édifice d'une croûte immonde.

Quelques parties saines émergent encore de cet amas de constructions

décharnées ; telles qu'elles apparaissent, elles étonnent le visiteur par
l'énormité de leur masse et la richesse
de leur décoration.

Il faut se représenter le palais de Spalato comme un ensemble d'édifices
qui comprenait, outre la demeure de
Dioclétien, des temples, un Forum, des
thermes, des tombeaux et une muraille d'enceinte de plusieurs mètres
d'épaisseur.

Cette enceinte rectangulaire, dont
un côté est en façade sur la mer et ne
mesure pas moins de deux cents mètres, sert encore de limites à la vieille
ville. C'est à l'aide de cette puissante
muraille qu'elle s'est tour à tour dé-
fendue contre les Croates, les Turcs,
les Normands et les pirates. Quatre
hautes tours carrées, dont trois subsistent encore, malheureusement écré-
tées, flanquaient les angles de ce qua-
drilatère ; au milieu de chaque côté
une porte monumentale donnait accès
dans l'intérieur du palais par deux
voies le traversant de part en part et
se recoupant à angle droit dans l'axe
même de l'édifice au point où se trouvait le Forum.

Vu de l'extérieur, l'ensemble des
masses architecturales anciennes se
dessine avec assez de netteté, mais

à peine entré dans l'enceinte, le visiteur perd aussitôt toute idée de la disposition, des dimensions et de la nature des substructions.

C'est un dédale inextricable de ruelles étroites et sombres, de passages souterrains recouverts par des voûtes massives, à peine disjointes par les efforts séculaires du temps, du feu et des Barbares, des escaliers formés de blocs de marbre arrachés aux murs des palais et jetés pêle-mêle sur le sol. Ici, en travers de la rue, se dresse une maison dont le soubassement sculpté supporte deux étages en matériaux informes, des fenêtres ignominieuses et une toiture menaçante à force de décrépitude ; là, apparaît un portique corinthien dont les fûts et le fronton sont enlisés dans une épaisse maçonnerie ; en maint endroit, une pierre sculptée, une colonne renversée, un marbre recouvert d'inscriptions sont enchâssés en guise de moellons dans les maisons modernes.

Partout règne une saleté nauséabonde, qui rappelle les recoins les plus caractéristiques des vieilles cités italiennes. Aucune ville en Dalmatie ne saurait lutter avec Spalato pour la malpropreté.

Les rares parties du palais qui ont

survécu aux démolitions, aux mutila-
tions ou aux restaurations, sont, outre
les portes dont j'ai parlé plus haut, le
temple de Jupiter, devenu le *Dôme* où
la cathédrale catholique, coupole remarquable, reposant sur une colon-
nade de granit; à côté de ce temple,
s'élève un campanile d'une très grande
hauteur, fondé sur des substructions
romaines qui ont fléchi sous le poids
énorme des 90 mètres de maçonnerie
qu'elles supportent: aussi le campanile est-il, du haut en bas, garni d'échafaudages. Etant donné l'extrême modi-
cité des sommes consacrées à ces réparations urgentes, il est difficile de
prévoir combien d'années encore ce
treillage de bois et de planches mas-
quera la vue de cet édifice que l'on dit
fort élégant.

On peut admirer encore les restes de
la façade des *Thermes*, puis le *Péristyle*
orné de colonnes, un mausolée, dési-
gné sous le nom de *Temple d'Esculape*,
et enfin, un musée archéologique, où
sont réunis quantité d'objets d'art
trouvés dans les ruines, quelques-uns
remarquables, mais tous en fort piteux état.

Charles Yriarte a donné dans son
bel ouvrage sur *les Bords de l'Adriatique* une description complète de ces

majestueuses ruines. Je ne crois pas
que depuis lors, il ait été amené au
jour aucune trouvaille nouvelle. Tant
que les masures du vieux Spalato de-
meureront debout, pêle-mêle, à travers
ces décombres, toute recherche restera
impossible à tenter.

Tandis que nous cheminions à travers ces débris, nous fûmes rejoints
par quatre jeunes touristes de fort belle
tournure, portant la vareuse et la cas-
quette blanche des yachtmen : eux
aussi étaient recommandés à Monsignor Poulitch ; on nous présenta ;
c'étaient le prince florentin Strozzi, et
trois de ses amis, qui faisaient sur
leur yacht le tour des côtes dalmates.
On ne saurait imaginer une urbanité
plus exquise et une simplicité plus
élégante que chez ce jeune descendant
d'une des plus anciennes familles italiennes, contemporaine et rivale des
Médicis, des Farnèse et des Borgia.

Le prince Strozzi, est officier dans
la marine royale italienne; comme il
suivait le même itinéraire que nous;
le hasard nous le fit retrouver plusieurs fois : à Sébénico, à Zara et à
Venise. Beaucoup de rencontres comme celle-là m'eussent certainement
réconcilié avec la race italienne. Malheureusement, il n'était pas de ceux

dont on peut dire « *ab uno disce omnes.* »

Depuis de longues années déjà, la ville de Spalato s'est étendue en dehors de l'enceinte du palais. C'est là que se trouvent les habitations bourgeoises ou aristocratiques, les grosses maisons de commerce et enfin les hôtels, ou plutôt l'hôtel, car il n'y en a qu'un digne de ce nom. L'apparence en est séduisante, mais l'intérieur n'y répond pas. On nous y servit même, amère déception, un repas des plus médiocres. L'héroïque colonel Plaifair avait fait vœu, à l'égard tous ces petits accidents, d'une douce résignation ; en sa qualité d'anglican et de puritain, il aimait à citer les livres saints : « Lorsque saint Paul, disait-il, évangélisait les peuples païens, il était encore moins bien traité que nous. » Cette pensée toute chrétienne lui faisait trouver succulents les ragoûts les plus odieux.

Au sortir de ces agapes modestes, nous nous présentons au consul de France, M. le comte de Tartaglia, grand propriétaire de vignobles dans les environs de Spalato et descendant d'une vieille famille italienne implantée depuis plusieurs siècles en Dalmatie.

Tandis que le menu peuple spalatin se vante d'être slave d'origine, l'aristocratie se pique de descendre des Vénitiens, et comme Italiens et Slaves sont loin de faire excellent ménage, la population est divisée en deux camps bien tranchés, et cette scission se retrouve, paraît-il, dans les principales villes du littoral dalmate.

Le comte de Tartaglia qui est l'amabilité même mit aussitôt sa voiture à notre disposition, et malgré l'accablante chaleur qu'un soleil de feu déversait sur nos têtes, à une heure de relevée nous partions tous ensemble visiter les ruines de Salone.

Six kilomètres sur une excellente route construite par les soldats de Marmont séparent Spalato de ces ruines célèbres. Cette ville était sous les Césars la capitale de la Dalmatie ; et passait, pendant les premiers siècles de l'ère chrétienne, pour une des principales cités de l'empire romain ; aussi fut-elle dès le début des grandes invasions l'objet de la convoitise des Barbares.

D'ailleurs nulle contrée en Europe n'eut plus à souffrir que la Dalmatie des assauts répétés de cette marée envahissante qui devait submerger la puissance romaine. C'est par la large trouée de la Save, au nord des Balkans, que successivement les hordes du

Nord se sont frayé un passage pour pénétrer jusqu'au cœur de l'empire, et la province d'Illyrie se trouva la première exposée à leurs attaques.

Salone fut dévastée par les Ostrogoths et les Hérules à la fin du cinquième siècle. Bientôt reprise sur eux par Bélisaire, elle retrouva 150 ans de splendeur et de tranquillité jusqu'au jour où les Avares la détruisirent de fond en comble, la livrèrent aux flammes et chassèrent ses habitants, qui se réfugièrent derrière les formidables murailles du palais de Dioclétien, fondant ainsi la moderne Spalato.

La route traverse deux villages ou, plus exactement, deux faubourgs de Spalato. Malgré les insupportables ardeurs du soleil, nous rencontrons quantité d'habitants, hommes et femmes, en costumes de fête aux couleurs éclatantes. Nous sommes un dimanche et de nombreux promeneurs s'ébattent dans les modestes guinguettes qui bordent la route. La vigueur, la bienveillance, et une gaieté réservée sont les signes caractéristiques de la population suburbaine de Spalato.

Nous cheminons rondement sur la route poudreuse. Devant nous, à quelques kilomètres, se dresse la crête

grisâtre et nue qui borde perpétuellement l'Adriatique ; dans cette crête une
échancrure ; là s'élèvent la petite ville
et la forteresse de Clissa, perchées sur
une position inexpugnable.

Au delà de Clissa, sur la pente opposée de la montagne, s'étend une région
fertile ; le comte de Tartaglia y possède
de magnifiques vignobles, dont l'origine remonte à un don fait par le sénat
de Venise à un de ses ancêtres en récompense d'une victoire remportée par
lui sur les Turcs.

Au milieu des flots bleus, à quelques
centaines de mètres du rivage, sur
une lagune formée par les alluvions
du Iader, cours d'eau qui sort tout
formé des rochers de Clissa, on voit
émerger un essaim de pauvres maisons de pêcheurs blotties autour d'un
petit clocher. Cette Venise en minia-
ture est le village de Vranitza; une flotille
de barques aux blanches voiles, évo-
lue lentement autour du hameau,
dirigées par des matelots slaves aux
torses vigoureux.

A notre gauche s'ouvre la baie riante
des *Sette Castelli*, paisible bras de mer
entouré de sept villages à moitié enfouis dans une végétation magnifique,
qui contraste brutalement avec l'aridité de la montagne.

Cette opposition presque continuelle entre l'abondance et la stérilité est un des traits distinctifs de la Dalmatie; on peut dire que, presque inconnu aux pays du Nord, ce phénomène se retrouve dans tous les climats chauds; c'est déjà pour ainsi dire le régime du désert et des oasis.

Ici une implacable sécheresse étiole et détruit toute végétation; là, une humidité bienfaisante féconde le sol et la flore s'épanouit, incomparable de verdeur et de puissance, inondée des rayons du soleil dont elle absorbe l'étincelant éclat.

Dans tous les pays où l'astre du jour règne en maître, l'eau est le facteur unique de la fertilité. Que l'eau disparaisse, et l'on voit des régions, jadis riches et peuplées, se transformer en déserts arides, les villes les plus somptueuses tomber en ruine.

Partout où l'homme a longtemps séjourné, soit cupidité, soit insouciance, on l'a vu porter la main sur les forêts créées par la prévoyante nature, inépuisable réservoir des eaux qui fécondaient son domaine. Les montagnes déboisées, les sources se sont taries, si bien que partout l'homme a été l'artisan de sa propre ruine. Ainsi s'explique la disparition de ces civilisations antiques, et la présence de ces restes de cités colossales au milieu de déserts inhabitables : Thèbes, Memphis, Balbek, Bagdad ou Palmyre.

Telle est Salone, sur le penchant de sa colline désolée, triste amoncellement de ruines calcinées par le soleil, tandis qu'à ses pieds les Sette Castelli déploient tout autour de la baie le plus merveilleux tapis d'oliviers touffus, de vignes verdoyantes et de prairies émaillées de fleurs.

Quel est l'homme qui ne serait assailli de semblables réflexions philosophiques alors que son cerveau est surchauffé par une température de 42° à l'ombre, et tandis qu'il marche à travers des débris aveuglants comme sur le sol d'une fournaise.

Nous mettons pied à terre et Monsignor Poulitch ne paraît pas souffrir le moins du monde des atteintes du soleil natal ; emporté par son enthousiasme archéologique, il nous fait visiter sans pitié les anciennes murailles et les restes des thermes, les ruines de l'amphithéâtre et les fragments d'une grande mosaïque encore recouverte en partie par les décombres. Puis il nous conduit sur l'emplacement de la nécropole antique et s'étend longuement sur les fouilles qu'il y poursuit en ce moment.

Il nous explique en très bon français
et avec cette conviction communicative
dont les archéologues ont le secret
qu'il y eut là deux étages de tombeaux;
l'étage inférieur rempli de sarco-
phages païens, au-dessus desquels la
ville, devenue chrétienne, construisit
un petit sanctuaire et se remit à inhu-
mer ses morts.

A ce moment la chaleur était intolérable, le soleil semblait luire partout
dans le firmament, les pierres funé-
raires éparses en tous sens dardaient
sur nous leurs reflets implacables,
l'air vibrait de chaleur; le pauvre
M. Plaifair, harassé de cette course
au sein de la fournaise, finit par
s'écrier d'une voix lamentable « Hélas,
monseigneur, ce sera tout à l'heure
sur nous qu'il faudra refermer un sar-
cophage. »

Cette boutade, sortie du fond du
cœur, mit fin à la visite et nous battî-
mes en retraite en bon ordre dans la
direction de notre carrosse, qui nous
attendait depuis plus d'une heure à
l'ombre d'un pan de mur.

Chemin faisant, M. de Tartaglia
nous donne de nombreux détails sur
les vignobles de Dalmatie. Depuis
longtemps déjà le pays produit des

vins d'une qualité remarquable, mais
dans ces dernières années les plantations des vignes ont pris un rapide
essor. Le phylloxéra, le mildiou et la
plupart des maladies de la vigne, sauf
l'oïdium, sont inconnus des viticul-
teurs dalmates.

Je ne saurais répéter les noms italiens ou slaves des cépages cultivés
dans ce pays ; mais il serait sans nul
doute intéressant pour nous de les im-
porter en France ; il existe en mainte
région de notre patrie des terrains si-
milaires aux rives illyriennes, notamment au pied des Cévennes, la température, quoiqu'inférieure à celle de la
Dalmatie, y serait suffisante pour
amener les fruits à maturité.

Deux sortes de cultures sont prati-
quées parallèlement : la culture à long
bois sur cordon de fil de fer, ou en vignes grimpantes le long d'arbustes,
comme en Italie, et les plantations à
taille courte en pleine terre, à écarte-
ment de 2 mètres environ, ainsi qu'on
l'observe dans le midi de la France.

Spalato est le centre d'exportation
le plus important de toute la côte ;
M. de Tartaglia nous déclare que le
total de la production dalmate s'élève
à plus d'un million d'hectolitres.

J'ai eu sous les yeux le chiffre des

exportations du port de Spalato pendant le mois d'avril dernier ; j'ai relevé les chiffres de 1200 barriques à destination de Bordeaux, 800 pour Cette, 300 pour le Havre et autant pour Hambourg ; le reste est allé en Angleterre.

Tous les vins de Dalmatie se recommandent par leur belle couleur rubis foncé, un degré alcoolique élevé, une saveur franche, légèrement liquoreuse, exempte de cette acidité qu'on reproche aux vins d'Algérie ou de cette platitude qui est le défaut des vins de l'Hérault. La plupart de ces vins exportés servent au coupage. Mais il est des crûs qui ont une réelle valeur et une renommée s'étendant au loin en Autriche et dans tout le Levant; ce sont: le *Prosecco* et le *Peceno*, originaires de la région située entre Spalato et Raguse, le *Malvoisie* de Raguse, le *vino Tartaro* et le *Marasquin* de Sébénico, le *Muscat rose* d'Almissa, le *Vugava* de l'île de Brazza, etc.

Les Dalmates ont largement bénéficié de la rupture de nos relations commerciales avec l'Italie; les vins communs de Dalmatie se vendent aujourd'hui sur place de 40 à 50 francs l'hectolitre.

Partout où nous avons eu l'occasion de causer vignobles, on nous a demandé avec anxiété ce que nous pensions de la reprise probable de ces relations. Si jamais nous rouvrons nos portes aux produits de nos ennemis les Italiens, nous serons profondément désagréables à nos amis les Dalmates.

Si, revenant de Salone, au lieu de rentrer à Spalato, on prend une route à droite, parallèle au rivage on traverse successivement en décrivant un arc de cercle les sept villages désignés sous le nom de Setté Castelli.

Cette baie magnifique par sa végétation est certainement le coin de terre le plus riche de toute la Dalmatie. Les oliviers, la vigne, les champs de céréales, les prairies touffues se succèdent sans interruption pendant une vingtaine de kilomètres et souvent les diverses récoltes s'entremêlent et se superposent en un fouillis d'une merveilleuse vigueur.

Outre le vin, l'huile et les fourrages, les rives dalmates et principalement la baie des Setté Castelli récoltent un produit qui est en ce moment, pour les habitants, la source d'un très grand profit : c'est la poudre de *pyrèthre*.

Le pyrèthre n'est autre chose que la fleur de chrysanthème ou marguerite des prés d'une espèce spéciale, séchée au soleil et finement pulvérisée.

Le pyrèthre est un insecticide extrêmement efficace contre les moustiques, les puces, punaises et autres parasites ; il s'expédie par grandes quantités dans les pays chauds, notamment en Turquie, en Egypte, et dans les Indes. Il en vient quelques tonnes en France, où il entre pour la plus grande partie dans la confection de la poudre Vicat.

D'autres régions produisent du pyrèthre, notamment le Caucase, mais celui qui est originaire de Dalmatie est le plus estimé. Toutes conditions égales d'ailleurs, il est d'autant plus actif qu'il est moins anciennement préparé. Le prix de la poudre de pyrèthre en Dalmatie varie de 3 à 4 fr. le kilog, et le revenu d'un hectare de pyrèthre est de beaucoup supérieur à celui d'un hectare de vigne.

Tandis que nous parcourons la baie des Setté Castelli, la récolte de fourrage et du pyrèthre bat son plein, et comme partout, dans la péninsule balkanique, c'est aux femmes qu'incombe la plus grosse part des travaux agricoles. Les fleurs de chrysanthème sont coupées sur la tige, mises dans des sacs, puis étendues au soleil pendant plusieurs jours sur des toiles.

C'est sous cette forme de fleurs fanées qu'une partie s'expédie ; le reste est pulvérisé et bluté dans des ateliers spéciaux d'ailleurs très primitifs.

Les habitants de la baie des Setté Castelli ne jouissent pas de la vue de la pleine mer; en face d'eux, à quelques milles du rivage, s'allonge une terre montagneuse et peu habitée, l'île de Bua. Le prolongement nord-est de cette île s'approche tellement du rivage qu'il semble fermer la baie, ne laissant entre la terre ferme et l'île qu'un chenal étroit et peu profond. La curieuse petite cité de Traù, le *Tragurium* des Romains, est bâtie pour ainsi dire à cheval sur cette passe et se relie à l'île comme à la terre ferme par deux ponts.

Une forteresse vénitienne, d'un aspect farouche, barre l'entrée du canal; la ville entière semble avoir été oubliée là par le temps et les révolutions depuis le XVe siècle. Mais l'attention du visiteur est bien vite accaparée par le *Dôme*, qui passe pour le monument le plus remarquable de toute l'Illyrie.

Construite au XIIIe siècle par un architecte dalmate, l'église de Traù est le type le plus parfait de l'ancienne architecture gothique italienne. On ne peut se lasser d'admirer la magnifique rosace qui orne la façade, le porche surchargé de statues, les sculptures

du maître-autel, des stalles et du
chœur, et enfin les lignes du campanile
et du baptistère qui s'élèvent auprès
de l'édifice; mais en même temps ne
peut-on s'empêcher de déplorer l'état
de délabrement où le manque de ressources laisse tomber ce bijou d'architecture.

Traù est admirablement protégé, par
les escarpements qui l'entourent, contre les rafales de la *Bora*, aussi trouve-
t-on dans les jardins des environs,
soit sur l'île de Bua, soit sur la terre
ferme, une flore exotique aussi plantureuse qu'à Alger ou à Corfou.

****

Nous saluons à Spalato le premier
chemin de fer que nous eussions rencontré depuis notre départ de Brindisi.
C'est une petite ligne à voie étroite
qui se dirige sur Sébénico, accomp-
lissant un parcours de 91 kilomètres.
Un empranchement de 70 kilomètres
se détache du milieu de la ligne et
court vers Knin, point stratégique de
premier ordre sur les confins de la
Bosnie.

De Knin cette voie ferrée est destinée
à se prolonger sur Banjaluka, la Save
et Belgrade, et sans doute le tracé se-

rait-il déjà achevé, si les Hongrois ne mettaient énergiquement obstacle au développement des voies ferrées dans les provinces slaves de l'empire. Les Magyars qui ont adopté politiquement comme leur le port de Fiume, bien que séparé par plus de cent kilomètres de la plaine hongroise, ne verront jamais sans envie un point de la côte dalmate, Spalato, Sébénico ou Zara devenir le débouché naturel des produits des rives de la Save, de la Serbie ou de la Bosnie, et par là faire concurrence à Fiume; aussi, tant qu'ils seront les maîtres de la monarchie des Habsbourg, s'efforceront-ils de laisser la côte dalmate isolée de l'intérieur.

Ai-je besoin de dire que le chemin de fer de Spalato à Sébénico ne figure pas dans l'indicateur européen de Chaix ?

Ce n'est pas la première fois que j'ai l'occasion de relever l'insuffisance absolue de cette publication, la seule pourtant qui s'édite en français à l'usage des touristes voyageant hors de notre patrie. Dussé-je passer pour grincheux, je ne cesserai de me plaindre qu'un indicateur, dont la mission est de renseigner les voyageurs sur les lignes ferrées d'un pays, ne mentionne que celles qui lui conviennent,

Il est véritablement honteux pour nous de comparer entre eux les indicateurs anglais, allemands, autrichiens, italiens même, à l'indicateur français, et j'ai pu constater en maint voyage que la façon dont le Chaix est composé est un objet de risée de la part des étrangers. Il est bon d'ajouter d'ailleurs qu'il n'est pas vendu meilleur marché que les autres.

Pour le même prix, les recueils de ce genre qui se publient à l'étranger vous donnent, outre les indications complètes des trains qui circulent sur *toutes* les voies ferrées européennes, des renseignements très pratiques sur la géographie physique et politique des villes, les principaux hôtels, les curiosités dignes d'attention, les adresses des consuls, des banquiers, des médecins; souvent même des plans très lisibles accompagnent ces descriptions.

En un mot on peut, avec un *Fahrplan* allemand ou un *Bradshaws* anglais, se passer d'un guide. L'éditeur Chaix croit avoir ajouté, sous forme de vocabulaire, quelques renseignements sur les principales villes, mais ces renseignements sont d'une telle banalité qu'ils ne peuvent rien vous apprendre, et, pour comble d'agrément,

ce vocabulaire fourmille d'erreurs.
Par contre la publicité y est fort développée, c'est elle qui vient masquer
le vide du volume pour le plus grand
profit de la caisse de l'éditeur.

A peine la voie ferrée a-t-elle quitté
les bords de la baie que, par un de ces
contrastes si fréquents dans ce singulier pays, nous passons de la région
la plus riante au paysage le plus nu,
le plus triste, le plus désert. La voie
se déroule de tunnels en ravins, à travers les pierres roulantes, les rochers
gris à peine recouverts d'une broussaille desséchée.

Nous arrivons à 7 heures à Percowitch, point de bifurcation de la ligne
de Knin et de Sébénico; nous y trouvons une petite oasis de verdure et un
buffet où nous faisons un des moins
mauvais dîners de notre voyage.

Au delà de Percowitch la route suivie se perd pour nous dans les ombres
d'une soirée sans lune, et vers 10 heures notre chef de train slave nous annonce dans sa langue natale que nous
sommes en gare de Sébénico.

VIII

SÉBÉNICO ET ZARA

—

Sébénico est une petite ville vénitienne d'origine, et vénitienne aussi
d'architecture, qui compte 6 à 7 mille
habitants, la plupart catholiques. Elle
est bâtie presqu'à l'embouchure d'une
importante rivière, la Kerka, sur le penchant d'une colline fort raide, si raide
même que toutes les voies perpendiculaires au rivage sont, non pas des
rues, mais des montées d'escaliers.
Quant aux rues transversales, étroites,
sombres, pavées de larges dalles, elles
nous parurent relativement bien tenues.

Cette cité, d'aspect vénérable, baigne
ses pieds dans un petit port où se re-
posent nombre de barques de pêche
et quelques vapeurs qui font du cabo-
tage entre les îles et la côte. Une ceinture de fortifications à demi ruinées
maintient cet amas de constructions,
qui semble prêt à s'effondrer de vétusté.

Deux objets, deux merveilles s'imposent au voyageur débarqué à Sébénico : la cathédrale et les chutes de la
Kerka.

Suivant une habitude que je crois
pouvoir recommander, nous nous oc-
cupons d'abord de celle qui demande
le plus de temps; or les cataractes de la
dite rivière sont à 18 kilomètres de la
ville. On peut s'y rendre par voiture,
ou par petit bateau, en remontant le fil
de l'eau. Nous nous décidâmes pour ce
second moyen de transport, de quoi
mal nous prit, car jamais courage
de touristes ne fut mis à une plus
rude épreuve.

On se méprendrait étonnamment si
l'on imaginait les villes dalmates
comme des séjours de délices, où l'on
trouve à son gré confort et commodité.
Les voyageurs accoutumés à rencontrer en tous lieux un bon landau pour
brûler le macadam, un élégant steam-

boat sillonnant les fleuves ou les lacs,
un funiculaire pour les hisser sur les
cimes, et de luxueux hôtels, en haut et
en bas, pour dormir et se réconforter,
se trouveraient ici singulièrement dé-
contenancés.

Il est vrai que le touriste fait complètement défaut, mais aussi rien
n'est organisé pour l'attirer et le retenir ; c'est un cercle vicieux. Les Dalmates ne sont pas des Suisses. Que de
tribulations, hélas, pour accomplir la
moindre excursion.

Trouver dans un port encombré de
pêcheurs une embarcation et quatre
rameurs pour remonter une rivière
calme et paisible doit paraître l'entreprise la plus aisée du monde : eh bien,
à Sébénico, c'est une chose très com-
pliquée. Une grande heure de patients
efforts nous fit enfin trouver un équipage de deux Slaves et de deux Italiens, qui consentirent à nous conduire jusqu'au pied de la cataracte.
L'esquif dont ces braves gens dispo-
saient nous fit d'abord reculer d'effroi.
C'était un gros bateau de bois, une
sorte de *sapine*, de 10 mètres de long
sur 2 mètres de large ; pas d'abri contre le soleil, pas de siège pour s'asseoir. Les quatre hommes se placent
debout dans la barque, poussant les

avirons à la façon des gondoliers de Venise ; nous nous installons, qui à l'avant, qui à l'arrière, assis sur les parois, et, vers 9 heures du matin, nous nous mettons en route.

La chaleur était torride ; au bout d'une heure, elle devenait intolérable.

La rivière coule encaissée entre deux parois de rochers à pic, fauves, nus et calcinés. Le soleil nous poursuit de ses rayons implacables que l'eau reflète avec une cruauté féroce. Il semble que nous voguions dans un fleuve de plomb fondu. Nos quatre nautonniers, ruisselants, écarlates, s'épuisent sur leurs avirons en poussant des *hhans* lamentables pour se donner du courage. Toutes les dix minutes, ils s'arrêtent et puisent dans leur béret une gorgée d'eau qui rafraîchit un instant leur gosier brûlant.

Le patron de la barque était un vieux Dalmate encore très vigoureux, au type énergique et imposant. De distance en distance, le long des rives, des madones de bois peint se profilent dans les anfractuosités des rochers. Chaque fois que le bateau dépassait quelqu'une de ces images vénérées, le vieux Slave se découvrait d'un geste lent et majestueux, et les

trois matelots imitaient respectueusement le geste de leur chef.

Ces malheureux nous avaient annoncé qu'ils nous rendraient aux chutes en deux heures et demie; au bout
de deux heures et demie, nous avions
décrit maint détour dans la rivière,
traversé un lac de plusieurs kilomètres, repris le cours de la Kerka et
nous n'apercevions pas encore le village de Scardona situé à 3 kilomètres
en aval des chutes.

Avant Scardona, nous croisons un
petit vapeur appartenant à une compagnie qui exploite des mines de
plomb argentifère non loin de la rive.

A Scardona enfin nous débarquons,
en quête d'un déjeuner; nous y trouvons une auberge tenue par une sorte
de mégère aussi délurée que rapace,
qui nous gratifie d'un repas coûteux
mais détestable, composé d'un jambon
avancé, d'une omelette rance et d'un
fromage aigre; le tout assaisonné d'un
vin délicieux. Nous pestons contre la
vieille, mais lui demandons l'adresse
de son nectar, et reprenons place sur
notre banc de misère.

Nous repartons alourdis d'un bon
mal de tête, mais allégés d'un de nos
bateliers, tombé malade de chaleur,
et nageons trois quarts d'heure encore

à travers de hautes herbes qui recouvrent des alluvions marécageuses de la Kerka, dans lesquels fermentent des miasmes pernicieux de fièvre, et c'est dans ces dispositions peu enviables de corps et d'esprit que nous parvenons enfin au pied des fameuses cataractes.

Se détachant sur un cadre de verdure sombre et touffue qui ferme complètement la vallée, la Kerka se précipite d'une hauteur de plus de soixante mètres en une infinité de nappes argentées, étincelantes et remplissant l'air d'un furieux vacarme.

Bien que le volume d'eau soit considérable et puisse être évalué à plusieurs fois celui de la Saône, le spectacle, précisément à cause de l'éparpillement de ces chutes en tous sens, sur une largeur de plus de deux cents mètres, m'a paru plus gracieux que grandiose.

On ne saurait, comme à Schaffouse, embrasser d'un seul coup d'œil l'ensemble du phénomène; mais en grimpant le long des rochers qui bordent la rive gauche, on le saisit sous des aspects indéfiniment variés. Ici c'est une lourde masse qui tombe en soulevant un nuage d'écume; là c'est un long ruban d'argent qui serpente en brusques crochets entre les rochers moussus; ailleurs des rapides houleux s'entrechoquent avec fracas et se divisent en vingt bras divergents séparés par des arêtes aiguës.

La plupart de ceux qui ont vu les chutes de la Kerka les mettent au premier rang parmi les cataractes de l'Europe. Si elles n'égalent pas en renommée celles de Laufen, c'est que bien rares sont les visiteurs qui prennent la Dalmatie comme but d'un voyage de pur agrément.

On aimerait à pouvoir se délasser dans la splendeur de ces rives ombreuses, au milieu de cette atmosphère rafraîchie par les ondes bienfaisantes, des fatigues d'une si rude journée; mais il ne se trouve là, ni auberge, ni abri d'aucune sorte; les pauvres valets de meunerie qui passent leur vie au pied de la cascade et le mécanicien des turbines qui envoient de l'eau à Sébénico sont les seuls habitants de ce séjour.

Nous reprenons bientôt notre route et repassons à Scardona où notre malade nous rejoint. Mais, pour comble de malheur, un orage nous menace ; les bateliers hochent la tête d'un air inquiet ; des nuages couleur d'encre plombent le ciel et l'eau et le tonnerre gronde dans le lointain. Entre

Scardona et Sébénico on chercherait en vain une maison, une chaumière de pêcheur; partout les roches surplomblent à pic le cours de la Kerka et le lac que nous avons à retraverser passe pour dangereux les jours de tempête.

Le ciel voulut que nous en fussions quittes pour la peur. Au bout d'une heure les nuages se dissipaient aussi vite qu'ils s'étaient amoncelés, et nous rentrions enfin à la nuit tombante dans le port de Sébénico, assommés, moulus, desséchés, après onze heures de navigation.

Je me reprocherais de ne pas recommander cette excursion aux touristes convaincus que les belles choses ont d'autant plus de valeur qu'on a eu plus de peine à les atteindre; quant à nous, nous jurâmes, mais un peu tard, que jamais on ne nous reprendrait à remonter dans un bateau plat, en plein mois de juin, le cours meurtrier de la Kerka.

Le *Dôme* de Sébénico passe pour l'édifice le plus remarquable de la Dalmatie. Commencée au XVe siècle et achevée au milieu du XVIe, cette église, comme tant d'autres monuments, accuse deux styles très distincts, le gothique flamboyant et la Renaissance.

L'ensemble de la construction se compose d'une nef centrale en plein cintre, contre laquelle s'appuient deux petites nefs latérales demi-cylindriques; le galbe intérieur de la nef est fidèlement reproduit à l'extérieur, de sorte que le monument se présente sous la forme d'un grand arceau voûté, long de toute la profondeur de l'église, flanqué de deux demi-arceaux qui s'arcboutent contre l'arceau principal, auquel ils servent de contre-fort.

Tout l'édifice est en marbre blanc qui, sous l'action du temps, a pris une chaude teinte fauve d'un magnifique coloris.

La façade, un peu massive, n'est pas suffisamment éloignée des masures qui l'entourent pour qu'on puisse juger de sa valeur; mais il existe sur le flanc oriental un petit porche surmonté de deux statues d'Adam et d'Eve, qui est une vraie merveille.

Dans l'intérieur, maints détails d'architecture, des assemblages très ingénieux de pilastres, de voûtes et de colonnes sont d'un effet tout à fait remarquable; je regrette de ne pouvoir en donner ici un aperçu, mais je ne saurais oublier que rien au monde n'est aride et insipide pour le lecteur comme la description d'une œuvre architecturale dont il n'a pas sous les yeux une reproduction graphique.

Charles Yriarte, qui est le grand géographe artistique de la Dalmatie, adresse au dôme de Sébénico un certain nombre de critiques et termine en disant qu'il lui a paru « moins curieux qu'il ne le croyait d'après les récits des Dalmates » : J'oserai dire qu'il m'a produit une impression toute contraire.

Peut-être cela tient-il aussi aux circonstances dans lesquelles nous avons eu la bonne fortune de le visiter ; tant il est vrai que nos impressions sont toujours subordonnées à mille phénomènes étrangers au fait principal qui doit les faire naître.

Ce fut le jour de l'Ascension, sous un ciel merveilleux de splendeur et de sérénité, que nous entrâmes, vers 5 heures et demie du matin dans la cathédrale. Une foule compacte remplissait l'église ; les hommes d'un côté, les femmes de l'autre, se tenaient agenouillés dans une attitude profondément recueillie. Les fidèles n'étaient point rangés comme dans nos églises, sur des lignes de bancs ou de chaises du haut en bas de la nef, mais ils formaient des cercles concentriques autour de la chaire où un prêtre en surplis psalmodiait des cantiques que répétait en chœur l'assistance entière.

Tous étaient en habit de fête et pas

un siége, pas une tenture n'intercep-
tait la vue des détails de la cérémonie.

Ici les hommes avec leurs gilets à
agrafes ciselées, leurs vestes à grands
revers et leur superbe chevelure re-
tombant sur de larges épaules; là les
femmes avec leurs robes à larges plis,
des corsages de madones, recouvertes d'un grand voile de mousse-
line blanche, tombant de la coiffure
et se répandant sur les dalles de la
nef.

Un sentiment extraordinaire de piété
grave régnait dans cette foule; pas
un corps ne remuait, aucune tête ne
se retournait pour dévisager les nouveaux arrivants. Quiconque est jamais
entré un jour de fête dans une église
italienne ou espagnole ne pourrait
imaginer un pareil contraste.

La religion chez les Slaves affecte
un caractère de gravité, de sérénité
qu'ont admiré tous ceux qui ont parcouru la sainte Russie ou les provinces chrétiennes des Balkans.

La piété des Dalmates est d'autant
plus ardente que le sentiment religieux leur tient lieu de l'idée de
patrie et qu'il synthétise toutes
leurs espérances d'avenir. Car nul
ici n'inclinerait à penser que l'Autriche-Hongrie puisse être son pays.

Cet étrange assemblage de races diverses, qui porte la dénomination d'empire, n'est considéré comme une patrie par aucun de ceux qui le composent; le Hongrois vous dira qu'il est Magyar. l'habitant de Prague se déclare Tchèque, le Dalmate est Slave, le Viennois se dit Allemand; mais personne ne se qualifie d'Autrichien. Seul le bon renom des Habsbourg retient autour du sceptre impérial ces éléments disparates qui hurlent de se trouver réunis.

La population du district et de la ville de Sébénico est en grande partie catholique. Plus on remonte vers le nord, plus l'élément romain tend à prévaloir sur les grec orthodoxe.

Outre le clergé séculier qui est entouré d'une profonde vénération, on compte en Dalmatie d'assez nombreux couvents. Les deux ordres qui se partagent l'influence morale sur la population sont les Franciscains ou capucins et les Jésuites.

Les Franciscains représentent et soutiennent énergiquement dans la province dalmate les aspirations nationales; instruits, généreux, très populaires, très slaves, ils jouissent d'un prestige considérable auprès de la masse de la population. Les Pères

Jésuites, au contraire, sont les agents plus actifs qu'écoutés de l'autorité impériale et royale ; c'est par eux que le gouvernement cherche à étendre son influence morale sur la Dalmatie ; mais il faut reconnaître que leurs efforts sont jusqu'à ce jour totalement dépourvus de succès.

*
* *

De Sébénico on peut se rendre à Zara, capitale de la Dalmatie, soit par la voie de terre, soit par un des nombreux services de paquebots, grands ou petits, qui sillonnent cette partie de l'Adriatique. Dans un cas comme dans l'autre, la distance à franchir est d'environ quatre-vingt-dix kilomètres.

A sept heures du matin, nous nous embarquons à bord d'un petit steamer où nous prenons place au milieu d'un chargement confus de bœufs, de moutons, de volailles et d'indigènes de Sébénico.

J'ai pu remarquer que ces modestes caboteurs, où la propreté n'est généralement pas exemplaire, et le confort peu recommandable, sont souvent bien meilleurs marcheurs que les bateaux du Lloyd. Ils sont d'ailleurs, dans leur rustique simplicité, remarquablement

construits et tiennent merveilleusement la mer. Les tempêtes qui les
assaillent pendant la moitié de l'année,
dans ces parages ravagés par la terrible *Bora*, leur imposent une irrépro-
chable solidité.

On aurait peine à se figurer en voyant
ce firmament magnifique et cette onde
si calme que nous soyons là sur une
des mers les plus agitées et les plus
dangereuses du globe.

Le temps est en effet superbe : une
brise douce et légère flotte dans l'azur
d'un ciel sans nuages et nous repose
délicieusement des fatigues de notre
expédition de la veille à Scardona.

Autour de nous, dans toutes les directions, se dressent des îles ou des
îlots aux contours infiniment variés;
leurs rochers fauves abritent de jolis
villages, d'où s'échappe à toutes vo-
lées, à cette heure matinale, le son des
cloches qui fêtent l'Ascension. D'innombrables petites barques, surchar-
gées d'une population en brillants habits de fête, se détachent des rives et
voguent de toute la force de leurs voiles et de leurs avirons vers Sébénico
qui fuit derrière nous, étincelante sous
les feux du soleil levant.

Mais bientôt nous doublons la pointe
qui ferme l'entrée de la baie de la Ker-

ka. Tout ce décor disparaît de nos regards et nous tournons au nord, suivant un large chenal entre la terre ferme et la chaîne des îles qui continuent à encombrer l'Adriatique.

Quatre heures plus tard, nous arrivons sans encombre devant les murs plus imposants que redoutables de la capitale de la Dalmatie.

Zara, ville de huit à dix mille âmes, est le siège du commandement militaire autrichien, de l'archevêché de Dalmatie, de la Cour d'appel et des principaux services de l'Etat.

Ce n'est point à l'importance de sa population, non plus qu'à sa situation centrale dans la Dalmatie, qu'elle doit sa prépondérance politique; car la population et le commerce de Spalato sont beaucoup plus considérables, et la frontière de la Dalmatie est située à quelques kilomètres au nord de Zara.

Là commence la Croatie qui, par une singulière anomalie, est rattachée au royaume de Hongrie, tandis que la Dalmatie dépend de l'empire d'Autriche.

On sait, en effet, que d'après le pacte de 1868, le domaine Austro-Hongrois est divisé en pays Cisleithans et pays Transleithans. Ne voulant pas incorporer tous les Slaves dans la même division de l'empire, le gouvernement les a scindés en deux tronçons, et les Dalmates élisent des députés au parlement de Vienne, tandis que leurs voisins immédiats, les Croates, envoient les leurs à la chambre de Pesth.

C'est sans doute à sa situation géographique plus rapprochée du gouvernement central, aussi bien qu'à sa position stratégique de premier ordre que Zara doit l'honneur d'être le chef-lieu de la province.

En effet, la ville est bâtie à l'extrémité d'une petite presqu'île que les Vénitiens avaient isolée de la terre ferme par un système de fossés larges et profonds remplis par les eaux de la mer. Un pont-levis réunissait Zara à la côte. Aujourd'hui, ce pont a été remplacé par une large chaussée en terre-plein qui aboutit à deux portes monumentales, la porte Marina et la porte St-Chrysogone. Au nord et au midi de ces deux portes s'étendent les quais qui ont remplacé les anciennes fortifications démantelées.

Devant ces quais, entre la ville et la terre ferme, s'ouvrent les deux ports, le port des pêcheurs et le port de commerce où stationnent, au travers des vapeurs et des voiliers, plusieurs cuirassés autrichiens.

L'histoire de Zara, comme celle de toutes les cités illyriennes, est des plus mouvementées.

Sous la domination romaine, la ville, alors capitale de la Liburnie, se nommait Iadéra ; sous les empereurs byzantins, elle s'appela Diodora. Bientôt les Barbares la ravagèrent, puis elle subit le joug éphémère de Charlemagne. Au démembrement du grand empire d'Occident, elle passa aux mains des rois de Hongrie qui ne surent pas la défendre contre les terribles pirates de l'Adriatique, les Uscoques ; elle dut alors implorer le secours des Vénitiens, qui s'y présentèrent en sauveurs et s'y installèrent en maîtres.

Fatiguée de leur domination, Diodora, dont le langage zézayant des Vénitiens avait fait Zara, se donna de nouveau aux rois de Hongrie.

Ceci se passait au XIII siècle (1202). A cette époque, les chevaliers français de la 4me croisade se présentèrent à Venise et demandèrent à la puissante république des galères pour voguer vers la Palestine. Venise y consentit, à la condition que les pieux croisés se détourneraient quelque peu de leur route et les aideraient à reconquérir l'infidèle Zara.

Le pape Innocent III fit bien quel-

ques remontrances sur l'incorrection
de ce projet, mais les croisés firent
valoir les rigueurs de la nécessité et
la pureté de leurs intentions. On passa
outre ; les navires de la Sérénissime
République et leurs braves alliés vinrent mettre le siège devant Zara qui
ne tarda pas à se rendre, à la condition
que tous les citoyens auraient la vie
sauve. Nonobstant, le doge Dandolo,
chef de l'expédition, en fit mettre à
mort un assez grand nombre et livra
la ville au pillage. Les croisés, ayant
pris goût à ce divertissement, s'y
attardèrent plus que de raison ; ils
trouvèrent même que les Vénitiens ne
leur faisaient point la part de butin
suffisante et les vainqueurs en vinrent aux mains.

Pour lors, le pape se fâcha sérieu-
sement et lança contre eux anathèmes
sur excommunications. Ces justes rigueurs ouvrirent enfin leurs yeux sur
l'indélicatesse de leur conduite ; ils
passèrent incontinent du pillage à la
pénitence, et comme il était d'usage
à cette époque, ils se mirent à bâtir
une église pour réparer leurs méfaits.

Cette église, un des plus beaux spécimens du style lombard-byzantin,
mélange de gothique et de romain, est

admirablement conservée, Sa façade
à trois pignons, ornée de plusieurs
rangs d'arcades, les unes en plein cintre,
les autres ogivales, interrompues par
deux magnifiques rosaces, les trois
porches qui donnent accès dans les
trois nefs, les revêtements de marbre
qui décorent l'intérieur, et les remarquables stalles en bois ouvragé du
chœur, les sculptures du maître autel,
le baptistère, la sacristie et la crypte
forment un ensemble architectural du
plus haut intérêt.

A la vue de cette cathédrale expia-
toire, les cœurs d'artistes sont vivement sollicités de pardonner aux soldats de Baudoin et de Dandolo les éga-
rements auxquels ils s'étaient laissé
entraîner.

Le Dôme de Zara fut d'ailleurs le
seul souvenir religieux que les héros
de la quatrième croisade laissèrent de
leur passage. Ceux qui ne restèrent
pas occupés à la construire n'allèrent
pas plus loin que Constantinople. Il
est juste de dire qu'ils s'en emparèrent
et assirent leur chef Baudoin de Flan-
dre sur le trône d'Orient. Pendant ce
temps les Vénitiens se rendaient maîtres des principaux ports de l'Ionie et de
l'Adriatique, et le doge Dandolo rentrait triomphant à Venise où il a depuis

été vénéré comme un des Pères de la patrie.

Au XIVe siècle, Zara fut occupée par les rois de Naples, puis rachetée de nouveau au XVe par les Vénitiens, prise sur eux par les Turcs, en 1498, et enfin reconquise pour la troisième fois par la République qui la conserva jusqu'à son anéantissement par Bonaparte. Les Français l'occupèrent pendant 10 années et les traités de 1815 la réunirent à l'Autriche à laquelle elle appartient, en attendant qu'un prochain bouleversement remanie totalement la carte politique des Balkans.

Chacun des maîtres successifs de Zara y a laissé des traces plus ou moins profondes de son passage. De la période romaine il subsiste une rotonde entourée d'une galerie circulaire, ancien temple de Junon, transformée jadis en église et aujourd'hui en entrepôt de vins; le *Bovo d'Antona*, vieille tour pentagonale, et la porte Saint-Chrysogone encore surmontée d'une inscription latine.

Mais c'est l'occupation vénitienne qui, ici comme partout en Dalmatie, a laissé le plus grand nombre de monuments. Au centre de la ville, s'ouvre la *Place des seigneurs*, autour de la laquelle on admire une *Loggia* italienne

de Sammichieli, une *Tour de l'horloge*
et un *Corps de garde*. En d'autres points
de la ville sont parsemés de nombreux
restes de cette époque : la *Colonne des
banqueroutiers*, les *cinque pozzi* (cinq
puits) et les églises de *Saint-Siméon* et
de *Santa-Maria*.

Depuis quelques années, à la place
des fortifications déclassées, s'étendent
autour de la ville de frais jardins
ornés de plantes rares de la plus belle
venue ; c'est là qu'au soir des chaudes
journées d'été, la société zaratine vient
respirer l'air pur et se livrer aux dou-
ceurs de la promenade quotidienne
dont nul citadin dalmate ne saurait se
passer.

On voit briller ici un vernis d'élégance et d'urbanité beaucoup plus
prononcé que dans les autres villes
de la côte. Zara, c'est la capitale, tout
le reste n'est que province. L'aspect
de la ville est italien ainsi que le langage ; toutefois elle n'a pris que les
dehors de la civilisation italienne ; la
masse de la population est restée
slave de cœur comme d'origine.

Cette société, dit Alb. Dumont, est
instruite et sérieuse ; elle parle français et a conservé de vives sympathies
pour notre pays, nos modes et notre
littérature. Elle se rappelle que l'ad-

ministration française au commencement du siècle a été pour elle une
période de régénération. »

* * *

On croise, de loin en loin, dans les rues
de Zara des hommes d'un type tout à
fait remarquable ; colosses aux larges épaules, au teint basané, aux attitudes graves et presque hautaines,
vêtus d'une chemise à grandes man-
ches pendantes, d'un gilet de couleur
voyante à agrafes d'argent, d'une
culotte d'étoffe bleue, serrée sur la
jambe par des molletières de laine, et
coiffés d'une toque écarlate. Déjà nous
avions rencontré, dans les environs
de Spalato, les mêmes hommes sous
le même accoutrement. Ce sont des
Morlaques, ou Slaves de la montagne,
qui ont conservé intactes, depuis le
moyen-âge jusqu'à nos jours, les
mœurs, les coutumes et la religion de
leurs ancêtres.

Chez ces natures primitives, les
passions humaines, l'amitié, la haine, le désir de la vengeance, la générosité, les superstitions gardent une
impétuosité qui les fait ressembler en
bien des points aux terribles monta-

gnards du Monténégro. Même simplicité dans leurs demeures, même rudesse dans leur genre de vie, même
attachement aux traditions les plus
invétérées.

Toutefois, les Morlaques de Dalmatie
m'ont paru différer par deux points
essentiels de leurs frères de la Tzernagore: ils sont catholiques, et ils n'ont
point la même répulsion pour le travail manuel; volontiers ils conduisent
la charrue et défrichent le peu qui leur
reste du magnifique patrimoine fores-
tier qui recouvrait leurs montagnes.

C'est à Zara que définitivement nous
dîmes adieu à ces populations si originales et si intéressantes, qui s'avancent jusqu'au cœur de l'Europe moderne, narguant encore le progrès,
la civilisation efféminée, le positivisme
sceptique dont notre siècle s'enor-
gueillit.

Entre les Orientaux endormis dans
leur inébranlable paresse, abrutis par
la honteuse décrépitude de l'administration turque, et les peuples du nord
dévorés par le surmenage incessant
de la lutte pour la vie, inexorable loi
qui tyrannise sans merci les sociétés
modernes, les Slaves des Balkans me
sont apparus comme la pépinière humaine que la Providence tient en ré-

serve pour régénérer et repeupler un jour notre monde énervé et vieilli.

Monténégrins, Serbes, Bulgares, Dalmates, Bosniaques ou Croates, je crois fermement les peuples des Balkans destinés à un avenir politique et social que permettent déjà d'envisager les premières convulsions qui les agitent.

S'ils ne sont pas le nombre, s'ils n'ont pas l'expérience, l'astuce, l'unité politique, on sent du moins bouillonner en eux l'enthousiasme de la jeunesse, le sang généreux d'une race superbe, l'ardeur inébranlable du sentiment religieux. Quel peuple en Europe pourrait, de nos jours, opposer aux Slaves un tel ensemble de qualités physiques et morales?

IX

L'ISTRIE

———

Pola. — Les arènes et l'arsenal. — Le Cyclope.
Pisino et la Foïba. — Le golfe de Fiume. —
Abbazia. — Le Monte-Maggiore.

La *Princesse Charlotte*, qui nous emportait loin de Zara, dans la direction de Pola en Istrie, est un paquebot à aubes de la Compagnie du Lloyd, faisant le service rapide entre Cattaro, Raguse, Spalato, Zara et Trieste.

Une foule de passagers l'encombrait, officiers et fonctionnaires autrichiens escortés de leur famille, Dalmates, Monténégrins, habitants des îles, que leurs affaires appelaient au cœur de l'empire, à Trieste ou à Vienne.

Ayant levé l'ancre à 6 heures et demie du soir, le navire devait mouiller à 4 heures du matin dans la rade de Pola et à midi dans le port de Trieste.

Au départ, une cuisine soignée et une table correctement servie, — avantages inestimables après quinze jours de brouet illyrien, — réunissaient ces voyageurs disparates dans le rouf somptueux du bord.

Aussitôt après, tous se dispersent, et chacun, au gré de sa fantaisie, s'installe sur le pont, fumant, causant ou rêvant aux étoiles.

Une chaleur tiède remplit la nuit étoilée, et nul ne songe à descendre dans les cabines pour y étouffer. Des îles rocheuses défilent comme des fantômes informes et silencieux, un instant entrevus, et s'évanouissent dans l'épaisseur des ténèbres.

Vers une heure du matin, un point sur la mer s'éclaire d'une clarté confuse; le navire se dirige vers cette nébuleuse; bientôt des centaines de feux brillants se détachent dans l'ombre; nous stoppons à *Lussin-Piccolo* dans l'île du même nom, ville importante par ses ateliers de constructions navales et station balnéaire très fréquentée.

Au lever du jour, nous sommes en vue de Pola qui a fort grand air derrière son immense arsenal et les mâ-

tures géantes de la flotte autrichienne,
dont nous avons devant les yeux l'u-
nique rade militaire ; au delà se
détache sur la colline la silhouette
étonnante des arènes antiques.

Des édifices tout neufs, l'amirauté,
le casino des officiers de marine, des
bâtiments administratifs de toutes
sortes s'étalent le long des quais dans
leur blancheur immaculée.

A peine débarqués, nous cherchons
au travers de cette splendeur un hôtel
qui nous fasse oublier les auberges
rudimentaires de la Dalmatie. Nous
nous précipitons vers celui que cet excellent Joanne indique en tête de la liste.

O déception ! nous ne trouvons là
qu'une gargote à matelots, munie de
quelques chambres presque sordides,
où il nous est demandé trois florins
(6 fr. 50) pour reposer quelques heures.
Nous battons en retraite précipitam-
ment et, remplissant l'air matinal de
nos malédictions contre un guide aussi
mal renseigné, allons sonner à l'hôtel
n° 2. Hélas ! il était incontestablement
pire que le premier. Un demi kilomètre
plus loin, nous trouvons le troisième,
un vrai bouge. Notre ami Joanne n'était
donc pas en défaut.

« Mais pourquoi diantre, lui disais-je
quelques semaines plus tard, ne pas

annoter d'épithètes sévères mais justes les hôtels que vous signalez? »

— Je ne le puis, me répondit-il, sans m'exposer à des difficultés avec leurs propriétaires.

— Mais ouvrez *Bædecker* ou *Murray*; à chaque page vous trouvez des clichés dans le genre de ceux-ci : « bonne cuisine, mais propreté douteuse.» « cher et médiocre. » « prétentieux quoique mal tenu »

Huit jours plus tard, un maître d'hôtel de Trieste me faisait lire dans un petit guide local, imprimé en allemand, une demi page d'invectives à son adresse insérées, me disait-il, parce qu'il n'avait pas voulu héberger gratuitement l'auteur. Or ce maître d'hôtel a certainement les meilleures chambres et la table la mieux servie de la ville; il est vrai que c'est un Français, un bourguignon et qu'il fait lui-même la cuisine à ses hôtes. Ceci n'est point pour plaire à un Teuton.

Vous voyez donc, mon cher monsieur Joanne, que l'on pourrait dans un guide, même de très bon ton, comme le vôtre, appeler un chat un chat et qualifier un mauvais hôtel comme il le mérite.

Telles sont les ressources de confort que l'altière Pola sait offrir aux étran-

gers; mais je me demande comment
s'en accommodent les familles des
fonctionnaires, des inspecteurs, des
officiers que sa situation maritime doit
attirer journellement dans ses murs.

* *

La fondation de Pola date de la plus
haute antiquité puisqu'on la fait remonter à l'époque mythologique de la
guerre des Argonautes.

Sous la domination romaine, au
temps des Césars, elle parvint à un
haut degré de prospérité; elle renfer-
mait, dit-on, 60,000 habitants. La splendeur et la dimension de ses arènes, qui
pouvaient contenir plus de 25,000 spec-
tateurs, indiquerait évidemment un
chiffre plus élevé.

Venise, qui occupa l'Istrie pendant si
longtemps, la laissa déchoir.

Au commencement de notre siècle,
elle était tombée au rang de bourgade
infime; Bouillet, dans son dictionnaire,
en 1868, ne lui accorde que mille habitants, chiffre d'ailleurs parfaitement
absurde.

Le gouvernement autrichien, en choi-
sissant Pola pour capitale navale de
l'empire, lui a rendu en quelques années la vie sinon la prospérité des an-

ciens jours. Elle grandit avec une rapidité très exactement proportionnelle à l'accroissement des furieuses dépenses que l'Autriche-Hongrie consacre à sa marine de guerre. Elle en est aujourd'hui à ses quarante mille âmes.

Je confesse être resté épouvanté en face de l'activité fiévreuse qui règne dans l'arsenal de Pola; j'ai assisté le même matin à l'entrée des ouvriers civils dans cet antre de Vulcain; combien de milliers d'hommes se sont engouffrés par l'immense portail ouvert à deux battants? Il faut se reporter à la sortie de l'Exposition universelle par la porte Rapp pour avoir l'idée d'une pareille affluence.

Les profanes, c'est-à-dire les étrangers, sont admis à visiter quelques parties de l'arsenal de Pola. C'est d'abord le musée naval qui devrait plus exactement s'appeler le musée Tégéthoff; car à part les inévitables modèles de navires, de pièces d'artillerie, d'affûts et de machines, ce sont les trophées élevés à la mémoire de l'illustre amiral qui en décorent les principales salles; il n'y manque rien, depuis ses bottes jusqu'à son chapeau de bataille; on y voit partout son portrait, à tous les âges et dans toutes les attitudes;

de riches vitrines sont garnies des présents à lui décernés par les souverains, l'armée, les villes de l'empire,
dans leur reconnaissance enthousiaste.

La marine autrichienne, née d'hier,
n'a pas encore d'autre gloire à célébrer.
Mais elle s'efforce de regagner le
temps perdu avec une activité qui
tient du délire, et comme Pola est son
seul port militaire, que d'autre part
l'empire ne possède aucune colonie,
n'exerce aucun protectorat qui exige
des croisières dans les mers lointai-
nes, la rade istrienne est la plus encombrée de vaisseaux de toutes
celles que j'ai jamais visitées.

Au milieu de tant de cuirassés en
station, en construction, en armement
ou en désarmement, de torpilleurs,
de croiseurs, de pontons, de vieux
navires démâtés, gigantesques car-
casses servant de casernes, d'hôpi-
taux, d'école navale, connue dans
les rades sous le nom expressif de
corps morts, on remarque une énorme
masse flottante, d'une forme lourde et
étrange : le *Cyclope* est son nom, et sa
mission est de suivre en tous lieux la
flotte pour réparer les avaries cau-
sées par la guerre ou la tempête. A
cet effet, le *Cyclope* est muni de forges,
de marteaux pilons, de machines-ou-

tils, bref, de tout le matériel nécessaire aux réparations les plus considérables.

A notre époque où toutes les amirautés du globe accumulent les folies sur les énormités, et où ces fameux cuirassés qui stupéfient les bons bourgeois de terre ferme, ne peuvent pas sortir d'une rade sans s'infliger pour quelque cent mille francs d'avaries, le bateau-atelier est certainement l'élément le plus utile d'une escadre, et le jour viendra sans doute où chaque vaisseau de guerre ne prendra pas la haute mer sans être suivi de fidèle cyclope.

Récemment, un ingénieur des constructions navales, de mes amis, m'avouait avec une conviction résignée que dans les guerres navales futures, les coups de canon seront beaucoup plus meurtriers pour ceux qui les tireront que pour leurs adversaires.

Demain ou plus tard, il est aisé de discerner que de toutes les escadres européennes, celle contre-laquelle les matelots de Pola auraient le plus de plaisir à mesurer la puissance de leur artillerie, est précisément la flotte de leurs alliés du jour, les Italiens.

Tout autant que les ingénieurs, les amateurs d'archéologie trouvent à

Pola de quoi satisfaire longuement leur passion. De tous les points des quais et de la rade l'œil est attiré par la silhouette grandiose des arènes construites par Titus.

De ce splendide monument, il ne reste guère en effet qu'une silhouette, car tout l'intérieur a été enlevé par les peuples divers qui ont successivement occupé l'Istrie; les Vénitiens notamment se sont construit maints palais sur le Grand Canal, dont les marbres furent extraits du cirque de Pola.

Mais les trois étages de colonnades extérieures qui subsistent produisent encore sur l'œil du spectateur une ineffaçable impression. Peut-être même faut-il attribuer en grande partie le caractère saisissant de légèreté et de hardiesse qui se dégage de cet édifice à ces déprédations intérieures, grâce auxquelles la lumière et les rayons du soleil se jouent à travers ces baies multipliées, élégantes de lignes et d'une admirable chaleur de ton.

Aucun des amphithéâtres antiques que j'ai visités, ni le Colysée, ni les arènes de Nîmes ou d'Arles, ni le cirque de Vérone ne sont aussi complètement mis en valeur que les arènes de Pola. Les uns et les autres se trouvent en partie enfouis à un niveau inférieur au sol actuel, ou resserrés entre des maisons modernes qui détruisent l'effet d'ensemble, tandis qu'à Pola le monument, dégagé de toute construction parasite, se dresse fièrement sur le penchant d'une colline qu'il pare sans l'écraser; il n'est aucun point de de la rade ou de la ville d'où l'œil ne se plaise à embrasser son galbe superbe et son ellipse immense se détachant sur le ciel.

La rue principale de la vieille ville, qui décrit une demi-circonférence autour d'une citadelle élevée, couronnée par une statue de Tégéthoff, rencontre sur son passage plusieurs monuments, bien conservés, contemporains des arènes : d'abord trois arcs de triomphe, la *porta gémina*, entrée principale de l'ancienne cité romaine; la *porte d'Hercule*, plus petite, où l'on voit encore la tête colossale du demi-dieu grec, et la *porta aurata*, dédiée à Minerve, admirable petit monument d'où l'on se dirigeait par la voie romaine jusqu'au *Forum*; là s'élève le *palais municipal*, construction vénitienne de plusieurs époques et, tout auprès, le *Temple d'Auguste* qui rappelle, par l'harmonie de ses proportion et le fini de ses sculptures, la *Maison carrée* de Nîmes.

Pola, malgré son importance actuelle

et les richesses artistiques dont elle abonde, n'est point la capitale de l'Istrie. Cette capitale est la petite ville de Pisino, située au centre de la presqu'île, sur le chemin de fer qui la traverse du sud au nord et relie Pola à Trieste.

Il faut se représenter la presqu'île istrienne comme un triangle, pénétrant à la façon d'un coin dans la mer Adriatique. L'extrémité de ce coin orientée vers le sud, le cap *Promontore* est voisin de Pola; la base, au nord, s'étend entre Fiume et Trieste.

L'Istrie divise donc le fond de l'Adriatique en deux golfes: le golfe de Trieste à l'ouest, le Quarnero ou golfe de Fiume à l'est. C'est une région de 8000 kilomètres carrés, montagneuse, accidentée, et généralement cultivée avec soin par une population d'origine italienne sur les côtes, et de race slave dans l'intérieur.

La rive occidentale a une déclivité beaucoup plus douce que la côte orientale. On rencontre sur la première plusieurs ports de pêche très sûrs : Rovigno, Parenzo, Pirano, Capo d'Istria, et un grand nombre d'îlots sans importance. Au contraire la côte est très abrupte, plonge presque à pic dans le golfe de Quarnero. Là, aucune ville ne s'élève et aucun abri ne s'ouvre pour les navires secoués par les terribles rafales de la Bora.

Malgré les sinistres avertissements de Ch. Yriarte, qui déclare que les Istriens, d'ailleurs d'humeur hospitalière, n'ont absolument rien à vous offrir et que si l'on veut trouver auprès d'eux le vivre et le couvert, il faut les y porter, nous nous engageâmes, un beau matin, au cœur de l'Istrie et débarquâmes à Pisino, après un voyage de trois heures en chemin de fer, à travers une région aussi fertile que pittoresque.

A notre douce surprise, une auberge fort convenable nous y reçut, et nous étant assuré pour le lendemain à l'aube une voiture et deux chevaux, nous nous mîmes en devoir de visiter cette vieille petite ville.

Pisino est située sur un grand massif de rochers calcaires qui surplombe la gorge, ou, si l'on préfère les expressions plus dramatiques, le gouffre de la Foïba. Un vieux château d'aspect farouche, hanté par plusieurs ménages de modestes cultivateurs, domine la ville, penché sur le bord de l'abîme. Cette vue ressemble, toutefois avec un caractère moins grandiose, à Constantine et aux gorges du Rummel.

L'église se dresse à quelque distance

du manoir, flanquée d'un campanile
pointu fort élevé, qui est le point culminant de la ville. Devant le porche,
un ormeau, vermoulu de vétusté, étend
une ombre épaisse sur le parvis et
sert de point de ralliement à tous les
oisifs des environs.

Des maisons sans caractère, alignées le long de rues tortueuses mais
assez proprettes, le tout encadré dans
un paysage verdoyant, montagneux et
en partie boisé, tel est l'aspect sous lequel se présente la modeste capitale
de l'Istrie.

Il ne faut pas redouter, aux rives
illyriennes, d'entreprendre en voiture
des courses qui, dans notre bon pays
de France, pourraient paraître invrai-
semblables. Les cochers dalmates ou
istriens n'hésitent jamais devant
une piste de 80 à 100 kilomètres à parcourir en une seule journée, et leurs
excellents petits chevaux les franchissent sans défaillance à une allure
sévère — diraient les sportsmen —
quels que soient la pente et le mauvais
état de la route.

Entre Pisino et Fiume on ne
compte pas moins de 94 kilomètres et nous trouvâmes du premier
coup un attelage déterminé à nous
y conduire pour une somme de

18 florins d'argent, (40 francs.)

On sait qu'en Autriche, comme en Russie et en nombre d'autres pays, règne le bimétallisme. La pièce d'or de 8 florins, qui vaut exactement 20 francs et a cours en France, n'a point la même valeur que 8 florins en argent; ces derniers ne représentent réellement à l'heure actuelle en or que six florins quatre-vingt dix.

Le papier de la banque d'Autriche-Hongrie est assimilé au métal blanc et le florin-papier égale en valeur le florin d'argent.

J'ai dit plus haut que Pisino occupe approximativement le centre du triangle istrien, dont Fiume forme le sommet oriental. La route de Fiume se dirige d'abord vers le levant, afin de contourner la chaîne de montagnes qui borde la presqu'île dominée, à 20 kilomètres de cette ville, par le cône massif du *monte Maggiore* haut de quatorze cents mètres.

Elle traverse ainsi une région extrêmement variée, où se succèdent, dans un agréable désordre, les rochers, les collines boisées, les pentes couvertes de vignes, les vallées verdoyantes, un lac aux eaux bleuâtres, des espaces pierreux sans végétation et sans terre arable. Plusieurs petits villages s'es-

pacent le long de ce parcours ondoyant,
tous sont perchés sur des sommets
rocheux et abrupts et surmontés d'un
clocher pointu, placé comme une sentinelle dont la vue découvre un horizon
immense étendu à ses pieds.

On chemine ainsi pendant une trentaine de kilomètres jusqu'à un bourg
très vieux et presque aussi misérable
qui répond au joli nom de Fianona.
Quoi qu'en puisse penser Charles
Yriarte, je dois déclarer que nous y
trouvâmes un déjeuner à peu près
présentable.

Une promenade de trois minutes
dans le village à travers les maisons
informes, bâties en grosse pierrailles
mal équarries, vous amène brusquement au bord d'un précipice de plus de
100 mètres de profondeur, au fond duquel dorment les eaux bleues d'un
petit bras de mer, d'un fiord, large de
quelques brasses à peine, qui vient
au devant d'un torrent descendu
des montagnes. Par delà l'embouchure
de cette baie en découvre au loin le
golfe du Quarnero et la grande île
sombre de Cherso.

A voir ce miroir poli, étincelant au
soleil, pailleté de nombreuses voiles
qui apparaissent d'ici comme des
soufflures sur une glace, pourrait-on

croire qu'on a devant soi la plus dangereuse de toutes les mers qui baignent le continent européen ! La petite anse de Fianona, entourée de hautes falaises qui devraient l'abriter de tous les vents est elle-même un parage intenable aux navires quand la Bora s'engouffre dans cette étroite fissure.

A partir de Fianona la route suit constamment le rivage de la mer; elle se dirige dès lors vers le nord-est, décrivant de capricieux festons le long des flancs tourmentés de la côte. Tantôt elle s'élève à une grande hauteur et la vue embrasse presque tout le golfe jusqu'à Fiume et aux rives de la Croatie, tantôt elle s'abaisse à quelques mètres au-dessus des flots pour visiter quelque village étagé coquettement sur la pente de la montagne.

Ce trajet est un enchantement perpétuel. Les oliviers, les figuiers, les chênes et les charmilles vous enveloppent de leur ombrage bienfaisant; les fleurs printanières vous jettent au passage leurs senteurs les plus pénétrantes et les regards fascinés voltigent des contours gracieux de la forêt aux horizons grandioses de l'Adriatique.

On a souvent comparé le golfe de

Fiume à la baie de Naples ou aux
rives fameuses de St-Raphaël ou de
San-Remo; c'est la même pureté de
ciel, la même mer bleue, la même
douceur de climat et le même panorama de verdure et de montagnes.
Si la Provence a l'Estérel et Naples le
Vésuve, le Quarnero a son Monte-Maggiore aux pentes couvertes de futaies
qui protège la rive assise à sa base contre le vent du nord et arrête les frimas
descendus des Alpes carinthiennes.

Est-il étonnant que les Austro-
Hongrois aient choisi cette terre pri-
vilégiée pour y créer leur station élégante, à la fois le Trouville et le Nice
des Viennois et des Magyars.

Vers le 70ᵉ kilomètre, nous commençons à croiser des promeneurs et des
voitures; quelques villas perdues dans
la verdure s'échelonnent sur la route, et
une ville élégante penchée sur le bord
de la mer apparaît bientôt à nos yeux:
c'est la délicieuse Abbazia, aussi fréquentée comme séjour d'hiver, que
comme station de bains de mer.

A la vue des somptueux hôtels aux
lambris dorés, aux serviteurs en frac
noir, et au portier galonné, plus obséquieux qu'un candidat à la députation,
du parc jonché d'ombrages touffus,
entretenu comme les jardins de Monte-

Carlo, des boutiques richement achalandées de ces inutilités coûteuses,
spéciales aux villes d'eaux et de plaisirs, le démon tentateur s'empara des
pauvres visiteurs de Cettigné et de
Spalato qui, depuis Corfou, ne s'étaient
encore pas trouvé à semblable aubaine, et, comme le chef des apôtres
sur la montagne du Thabor, nous nous
écriâmes : « Mon Dieu ! que l'on est bien
ici, déballons-y notre mince valise ! »

Et voilà comment, malgré la bonne
volonté de notre automédon, nous
n'arrivâmes pas le soir même aux
portes de Fiume.

Abbazia a été créée de toutes pièces,
à l'américaine, par la *Sud bahn* (Société des chemins de fer du sud de
l'Autriche.) Cette Compagnie y a construit trois hôtels, qui rivalisent de
luxe et de tenue avec l'hôtel de Paris,
à Monaco, ou les grands hôtels de
Nice. Autour de ces édifices majestueux se sont élevés des villas, des
pensions de famille et un très bel établissement de bains. Les étrangers
n'ont pas tardé à accourir et c'est par
milliers que se comptent aujourd'hui
les Allemands, les Hongrois, les
Russes et les Anglais qui se pressent ici pour hiverner durant la
mauvaise saison ou prendre les

bains de mer pendant la canicule.

La fondation de cette petite ville est si récente, qu'elle est ignorée même de ceux que leur profession devrait appeler à la connaître. Qu'on veuille bien en juger :

A quelques semaines de là, de retour à Lyon, j'eus à envoyer à Abbazia un mandat postal et me présentai pour ce faire au bureau principal de la seconde ville de France; le préposé chercha long-temps Abbazia dans son indicateur des bureaux de poste et finit par me répondre d'un ton délibéré que cette localité n'existait pas ; je demandai à vérifier cette assertion étrange ; elle se trouvait exacte. A la vérité, le bureau de poste de la deuxième ville de France n'avait pour se renseigner qu'un indicateur de 1881 ! Placide administration !

Nous avons constaté que le climat d'Abbazia mérite sa réputation. Le Monte-Maggiore la protège tant et si bien que l'air y est complètement immobile, avantage sans doute précieux en hiver, mais beaucoup moins enviable au gros de l'été.

C'est une serre chaude à l'ombre de beaux arbres, et on est réduit pour trouver de la fraîcheur à se plonger plusieurs fois par jour dans les flots bleus de l'Adriatique.

X

LA CROATIE

Fiume. — La légende de Tersato. — Novizeng
et les Uscoques. — Dans la forèt. — La
grotte d'Adelsberg. — Miramar. — Trieste.

Pour se rendre d'Abbazia à Fiume,
le voyageur n'a que l'embarras du
choix entre diverses entreprises de
diligences et de bateaux à vapeur, et
quantité de voitures particulières fort
bien attelées.

Nous choisîmes la voie maritime,
nécessairement la plus courte, car
elle forme la corde de l'arc que décrit
la route en suivant la côte. Le trajet
s'effectue sur de tout petits steamers,
lesquels franchissent en une heure la
distance qui n'excède pas 10 milles.

Le long de la côte, quelques villages
et de nombreuses villas apparaissent

sous forme de taches blanches sur le fond sombre des collines escarpées. Au milieu de la distance qui sépare Abbazia de Fiume, un lourd amas de constructions au ras de la côte laisse échapper des flots épais de fumée noire : ce sont les ateliers de constructions de torpilles de Withehead, les plus importants, je crois, de tout le continent.

Majestueuse est l'entrée du port de Fiume. Ses larges jetées, ses grandes constructions neuves, l'aspect imposant des hautes collines qui le dominent et l'abritent donnent au port hongrois l'apparence d'une ville maritime de premier ordre.

Bien que située sur le territoire croate et séparée par plusieurs centaines de kilomètres de la Hongrie proprement dite, Fiume fait partie, depuis 1866, du royaume des Magyars, dont elle est le seul débouché sur la mer.

La ville compte une trentaine de mille âmes. Son histoire offre les mêmes alternatives de servitude et d'indépendance que les autres cités du littoral adriatique. Tantôt soumise au joug de Charlemagne, tantôt république indépendante, tantôt relevant de la couronne d'Autriche, l'antique *Ter-*

satica ne s'est réellement développée
que depuis ces vingt dernières années.
La franchise douanière dont elle jouit
et le commerce des bois de Hongrie et
de Croatie, qui a pris dans ces derniers
temps une importance extraordinaire
ont fait de Fiume le principal port de
l'Adriatique après Trieste.

Comme à Pola, comme à Spalato, il
existe ici deux parties bien distinctes :
la vieille ville groupée en amphithéâtre contre la montagne, et la ville neuve
bâtie en bordure le long de la mer.

Aucun monument ancien ne mérite
la visite du touriste ; par contre
plusieurs places, un vaste jardin public
et une très belle rue, le *Corso*, attirent
l'attention. Mais le quartier le plus
curieux à parcourir est celui de la
Fiumera ou vieux port formé par l'embouchure d'un torrent, la Réka, qui descend de cascades en cascades des hauteurs du Karst. C'est là qu'est alignée
la flotte des voiliers de tous pavillons
venus pour charger des bois de construction, tandis que sur les quais sont
entassés à une prodigieuse hauteur
des piles de sapins et de hêtres équarris,
attendant leur embarquement. C'est le
défrichement brutal des forêts environnantes qui a fait la prospérité du
port de Fiume. Les neuf dixièmes du

fret maritime se composent de bois à destination de l'Italie, de la France et de l'Angleterre.

La population fiumane est formée des éléments les plus disparates : Hongrois, Croates, Slaves, Allemands et Italiens, réunis, mais nullement fusionnés. Chaque nationalité a ses habitudes, son costume, ses lieux de réunion distincts. Toutefois, la langue italienne domine, presque seule en usage dans le menu peuple ; mais on trouve aisément à se faire comprendre en français. Un hôtel de très belle apparence et suffisamment confortable permet au voyageur de se croire transporté dans une des grandes villes du continent.

Les efforts et l'argent que les Hongrois ont dépensé à Fiume pour en faire un port capable de rivaliser un jour avec Trieste montre bien l'antagonisme profond qui sépare les Magyars des Autrichiens.

C'est ainsi que partout où Trieste installe un service maritime, Fiume s'empresse de lui créer une concurrence; le Lloyd, lui-même, bien que qualifié d'austro-hongrois, n'a pas trouvé grâce devant les Fiumans, et malgré l'état financier précaire où se trouve cette grande compagnie, ils

lui font une guerre acharnée à l'aide
d'une société récente, de nationalité
purement hongroise.

Droit au-dessus de Fiume, à plus de
120 mètres de hauteur, se dresse une
colline rocheuse qui porte le nom de
Tersato.

Une église consacrée à la Vierge,
un couvent de capucins et un vieux
château, le manoir des *Frangipani*
occupent le sommet du Tersato, qui
est la promenade la plus intéressante
qu'on puisse entreprendre à Fiume.

Une légende célèbre dans la population très catholique de l'Istrie et de
la Croatie s'attache au sanctuaire de
Tersato et en fait un but de pèlerinage
très fréquenté.

A la fin du XIII⁰ siècle, sous le pon-
tificat d'Urbain IV, tandis que les mu-
sulmans arrachaient aux chrétiens
les derniers lambeaux du royaume de
Jérusalem et mettaient à feu et à sang
les villes de la Palestine, les habitants
de Fiume aperçurent un matin sur le
sommet du Tersato une humble chaumière que nulle main humaine n'avait
édifiée. Leur évêque Alexandre, alors
paralysé, se montra soudain au milieu
d'eux subitement rendu à la santé, le
visage illuminé de bonheur, la voix
inspirée, et leur annonça que Dieu lui

avait révélé pendant la nuit la translation miraculeuse de la *Santa Casa* de Nazareth à Tersato.

Aussitôt, de la Bosnie, de la Dalmatie, de l'Allemagne, les pèlerins accourent se prosterner sur le seuil de la maison sainte, et le comte Frangipani comble le sanctuaire des plus riches offrandes.

Trois années se passent, pendant lesquelles les fidèles en troupes innombrables se pressent à Tersato. Mais voici que soudain, le 15 décembre 1294, la maison de la Vierge reprend sa course à travers les airs et vient tomber à Lorette, en Italie, où, depuis six siècles, la piété catholique entoure d'une vénération constante la miraculeuse relique.

A Tersato, sur le lieu où la translation s'était accomplie, on a bâti une petite église, et dans cette église a été construite une reproduction fidèle de la *Santa Casa*. Des religieux franciscains, dont le monastère et le cloître sont contigus à la chapelle, entretiennent auprès des fidèles le souvenir de cet événement extraordinaire.

Un peu plus loin, dominant d'un côté le gouffre de la Réka, qui gronde et écume au fond d'une gorge sauvage, et de l'autre, le golfe de Fiume et ses

îles rocheuses, l'orgueilleux manoir
des Frangipani dresse ses murailles
épaisses, envahies par le lierre et la
mousse. La silhouette d'un petit temple
grec moderne se montre à côté du
château. On a réuni là quantité de
bas-reliefs, de mosaïques, de bustes
antiques, dont la plupart ont été extraits des fouilles de Pompéï; deux
statues de Vénus et une de Jupiter
sont particulièrement remarquables.
Enfin, devant ce temple, le noble comte
a réédifié le monument authentique
que les Français avaient élevé sur le
champ de bataille de Marengo.

Mais la vue incomparable qui s'é-
tend à nos yeux nous arrache bientôt
à la contemplation des reliques profanes ou sacrées de Tersato.

De la terrasse des Franciscains on a
presque sous ses pieds les quartiers
neufs de Fiume, la vieille ville étant
masquée par les escarpements mêmes
de la montagne, le nouveau port, où
les noirs vapeurs anglais déchargent
des monceaux de charbon, et les petits paquebots hongrois qui se repo-
sent, amarrés le long des quais; l'œil
suit curieusement dans les flots du
Quarnero les sillages, semblables à des
queues de comètes, des navires qui gou-
vernent sur le port ou qui s'en éloignent.

Plus loin, à droite, c'est le Monte Maggiore, le plus haut sommet de l'Istrie, abritant les petites villes de Volosca et d'Abbazia, qui se mirent dans le golfe; à gauche, la côte croate sauvage et nue, échancrée par la baie profonde et étroite de Buccari; droit au sud, les grandes îles de Cherso et de Véglia, au profil tourmenté, laissant entre elles et le continent les passes de *Farasina*, de *Quamerolo* et de *Mal Tempo*, cette dernière, si étroite, que Véglia semble reliée à la Croatie.

Tel est, doré par le soleil couchant, le panorama magnifique que l'œil embrasse du fond de l'Adriatique, des hauteurs de Tersato.

*   *
*

On lit dans le *Guide Joanne* des Balkans et du Danube les lignes suivantes :

« Une bonne route carrossable, de 74 kilomètres de longueur, conduit de Novi au bord de l'Adriatique, à Ogulin en Croatie. Des animaux sauvages hantent les épaisses forêts qui bordent cette route. »

Depuis plusieurs jours déjà cette courte phrase m'obsédait. Voir et franchir une forêt, après un mois de

pérégrinations à travers les éternels
rochers gris ou les flots toujours bleus,
me semblait une perspective infiniment
désirable et tout à fait extraordinaire;
car en ce pays, par un curieux contraste, le port de Fiume, le plus
important de toute l'Europe pour l'exportation du bois de construction, se
trouve dans la région la plus déboisée
qu'il y ait au monde. Il n'est donc pas
étonnant qu'à la vue du formidable
amoncellement de troncs séculaires
encombrant les quais de Fiume on
désire connaître une parcelle du pays
où ont grandi ces géants.

Rien de plus aisé que de se rendre
à Novi, petit port sur l'Adriatique, situé
entre Fiume et Zara, où relâche presque chaque jour quelque paquebot
côtier hongrois ou croate. Mais à Novi
trouverions-nous un attelage pour traverser les 74 kilomètres de montagne
et de forêts, annoncés par Joanne?

Les Fiumans consultés ne répon-
daient certes pas affirmativement sur
ce point. Les uns disaient : nous ne
savons; les plus optimistes se conten-
taient d'un timide : c'est probable.

Le mieux était de le vérifier par
nous-même, et nous nous embar-
quâmes sur un petit bateau qui nous
berça quatre heures durant dans le

sinistre canal de *Maltempo*, ainsi
nommé parce que la Bora s'y engouffre avec une telle force, entre les
montagnes de la Croatie et les rochers
de l'île de Véglia, que la passe, en certains points à peine large d'un mille,
est impraticable une partie de l'année
aux voiliers et souvent même aux
navires à vapeur.

La baie étroite et profonde au fond
de laquelle apparaît, éclatant de blancheur, le village de Buccari dominé par
un vieux donjon est le seul point remarquable de cette côte aride, où l'on pré-
tend que la violence des vents rend
impossible toute végétation.

De distance en distance, le voyageur
est intrigué par la vue d'engins étranges que l'on ne retrouve dans aucune
autre mer.

Deux sapins scellés sur la rive, dis-
tants d'un mètre l'un de l'autre et
réunis par de nombreux échelons,
forment une immense échelle d'une
vingtaine de mètres, lancée en surplomb au-dessus des flots, et inclinée
à 45°. Au haut de cet échafaudage
aérien se dresse une guérite, dans
cette guérite un guetteur, homme ou
femme, se tient assis, immobile, re-
gardant la mer.

Au-dessous de lui est tendu en

demi cercle un filet laissant entre son extrémité et la côte un large passage.

De son observatoire le guetteur peut apercevoir des bandes de thons qui s'avancent de la pleine mer vers la rive. Dès qu'il les voit engagés sans méfiance dans le cul de sac formé par le filet, il fait un signal convenu ; aussitôt ses compagnons postés sur le rivage ramènent vivement à eux l'extrémité libre du filet ; le banc de poissons se trouve emprisonné, et, à l'aide d'un petit bateau, la pêche ou plutôt le massacre commence. Le poisson est cueilli, harponné et assommé, la barque retourne au rivage, le filet est tendu de nouveau et la vigie se remet en observation.

Cet intéressant manège est la seule distraction qui agrémente le trajet de Fiume à Novi.

Le vapeur qui nous porte nous dépose enfin dans le petit port croate et poursuit sa route dans le canal de Maltempo vers une autre petite ville qui porte en slave le nom de Zeng et en italien celui de Segna.

Perdu au fond d'une petite baie au point le plus dangereux de la côte croate, Zeng fut pendant plusieurs siècles le repaire des plus terribles pirates dont l'histoire nous ait transmis le souvenir, les Uscoques.

Les Uscoques (*uskoko* fugitifs) furent des Slaves des Balkans qui vinrent chercher un asile contre la tyrannie musulmane à Clissa, près de Spalato ; bientôt, chassés par une armée turque de cette ville fortifiée, ils trouvèrent enfin sur la côte inhospitalière de Zeng un refuge inaccessible, défendu du côté de la terre par d'épaisses forêts et du côté de la mer par les dangereux écueils de l'Adriatique et le souffle de la Bora.

« De tout temps, dit M. l'abbé Bauron, l'Adriatique appelle sur ses bords les déshérités des nations : des fugitifs élèvent les murs de Raguse, des fugitifs fécondent les collines de Zara, des fugitifs transforment en ville le palais de Dioclétien ».

Sans terres à cultiver, sans argent pour faire du commerce, mais doués par la nature d'une audace et d'une vigueur extraordinaires, les Uscoques ne tardent pas à embrasser comme profession héréditaire le métier de pirates.

Un cardinal archevêque de Zara, Mgr Minucci, a écrit en deux volumes l'histoire authentique de cette poignée de forbans dont les coups de

main hardis, les perpétuels combats
contre les Turcs, les Vénitiens et les
empereurs d'Allemagne pendant plusieurs siècles défieraient l'imagination
d'un Alexandre Dumas.

Au début, les Uscoques pillent de pré-
férence les navires de leurs persécuteurs les Turcs; ceux-ci demandent au
doge de Venise de châtier ces pirates;
Venise transmet cette mission à l'empereur qui s'est déclaré leur protecteur.
L'empereur donne l'ordre de les déloger à coups de couleuvrine, mais le
gouverneur impérial de Zeng est depuis
longtemps d'accord avec les Uscoques
pour partager le butin recueilli en
mer.

La lie de toutes les nations se donne
bientôt rendez-vous à Segna, four-
nissant ainsi un recrutement digne
d'eux à ces bandits que décimaient les
tempêtes et les luttes avec les puissances voisines.

Pendant plus d'un siècle les Uscoques sont la terreur de toute l'Adriatique, et pourtant leur nombre ne dé-
passe jamais un millier d'hommes.

Un jour, à la suite de quelque monstrueux méfait, Venise et l'empereur unirent
leurs efforts contre les Uscoques; on
pendit leurs chefs, on désarma les pirates, et on les dispersa, sauf une cen-

taine qu'on autorisa à rester dans la
ville.

A peine la flotte avait-elle levé l'ancre
que tous les Uscoques se trouvèrent
de nouveau réunis comme par enchantement, attaquèrent le gouverneur impérial et le massacrèrent. L'expédition
était à recommencer.

Quelques années plus tard, au commencement du XVIIe siècle, Venise et
l'empereur bloquent de nouveau Zeng;
la flotte des pirates est saisie et emme-
née à Fiume; aussitôt les Uscoques se
précipitent sur Fiume, reprennent leurs
navires et, en plus, quatre-vingts galères fiumanes qu'ils ramènent triom-
phalement dans leur repaire.

Comprimés de toute part, dit Charles
Yriarte, les pirates échappent vers la
Dalmatie, volant chez le Turc, se ré-
fugiant chez le Vénitien. La République se décide à construire une flotte spéciale pour agir contre eux.

Christ Véniéro entre à la tête de ses
galères dans un port voisin de Segna;
les espions des Uscoques le découvrent, se glissent le long des flancs de
la galère capitane, l'enlèvent à l'abor-
dage, massacrent les matelots et
emmènent le navire; arrivés à terre
ils mettent à mort Véniéro, lui arra-
chent le cœur, le font bouillir et le

mangent. Sa galère est enchaînée dans le port; avec ses canons, ils fortifient leur ville.

Les Uscoques furent une des principales causes de la guerre qui éclata à cette époque entre la République de Venise et l'Empire. La France s'interposa en 1617, et, à la suite du traité, l'extermination des Uscoques fut décidée et exécutée.

Les rares survivants de cette poignée d'hommes indomptables furent alors exilés et on leur donna des terres du côté de Carlstadt, en Carniole, où leurs descendants vivent encore et se distinguent de la population environnante par leurs mœurs, leurs costumes et leurs crânes allures.

Tel est le résumé rapide de l'histoire de ces pirates qui tinrent en échec, pendant plus d'un demi-siècle, les trois plus grandes puissances de cette époque et coûtèrent, dans les trente dernières années, plus de trente millions d'or à la seule République de Venise.

Quand nous abordons à Novi, une fourmilière de femmes du peuple se pressent sur le quai contre lequel notre petit vapeur vient s'amarrer.

Honni soit qui penserait que la curiosité amène là ces filles d'Ève croates. A peine la passerelle est-elle jetée

que toutes se précipitent sur le pont
pour enlever les colis et les transpor-
ter sur la rive. A cet effet, chacune d'elles
est munie d'une longue sangle de
chanvre, dont elle enlace prestement
le fardeau qui lui est confié; passant
ensuite ses bras dans les replis de la
sangle, elle le charge sur son dos, ni
plus ni moins qu'un crocheteur patenté.
En quelques minutes, le navire est dé-
barrassé de tout ce qu'il doit laisser à
Novi.

Une vieille au torse vigoureux s'est
chargée sans hésiter, de tout notre bagage; elle nous précède et se dirige
d'un pas alerte vers le quartier haut
de la ville : nous la suivons de con-
fiance, ignorant absolument où elle
nous conduit.

Un débarquement de ce genre ne
ressemble guère à ce qui se pratique
en Italie. Quiconque a vu Naples, par
exemple, n'est pas sans avoir observé
qu'à l'arrivée, deux *faquini* se sai-
sissent de votre malle, un troisième
de votre sac de nuit, et si par hasard
vous êtes porteur d'un parapluie, il
devient la proie d'un quatrième lazza-
rone. Une telle entrée affecte aussitôt
les allures d'un cortège.

Plus modeste était notre équipage
avec la vieille débardeuse pour com-

missionnaire et pour guide. Chemin
faisant, nous admirons une autre es-
couade de femmes occupées à dé-
charger une goëlette remplie de sacs
de farine. Ces malheureuses assu-
jettissaient sur leurs épaules d'énormes sacs de 100 à 120 kilogs et gravis-
saient sous cette épouvantable charge
les rues escarpées de Novi. Je ne puis
m'empêcher de signaler ce tour de force,
qui leur paraissait tout naturel, comme
un des plus surprenants que j'aie
jamais rencontrés. Nous verrons plus
loin à quelle besogne se livrent pendant ce temps les heureux époux de
ces fières luronnes. Ce sont là des résultats remarquables d'une *éducation
physique* qui ne laisse rien à désirer.

Nous emboîtions le pas, quoiqu'un
peu indécis, derrière notre cicérone.
Quand elle eut escaladé les quarante
mètres de hauteur qui séparent Novi
de son port, elle s'arrêta, respira et
nous demanda, j'imagine, où nous désirions nous rendre. Nous faire comprendre de la commère, nous ne pouvions l'espérer; non seulement elle ne
parlait pas le français, mais l'italien
et l'allemand lui étaient inconnus. A
Novi, il n'existe pas d'auberge; toutefois, au bureau de la poste, il y a deux
chambres à coucher pour les étrangers

qui échouent dans ce pays. La vieille
eut le bon esprit de nous y conduire,
s'expliqua avec le propriétaire et nous
quitta avec force gestes de reconnaissance pour la rémunération qu'elle
reçut.

Nous parvînmes à faire entendre à
l'amphytrion préposé au service des
postes austro-hongroises que nous
désirions dîner; mais il s'agissait de
lui expliquer que nous désirions aussi
le lendemain, de grand matin, une voiture pour nous rendre à Ogulin ; sur
ce point nous échouâmes absolument.

Ici on ne parle ni l'italien, ni l'allemand, ni même le slave, mais le croate ;
aussi quand je voulus me faire comprendre à l'aide d'un petit vocabulaire
slave dont j'étais muni, je ne fus pas
mieux entendu de mes interlocuteurs
que si je leur eusse parlé chinois.

Alexandre Dumas raconte qu'en
pareille occurrence, dans un de ses
voyages, il eut l'idée de dessiner l'objet
qu'il convoitait ; il s'agissait pour lui
de se faire servir à son dîner un plat
de champignons : à la vue de son
illustration, les indigènes manifes-
tèrent avec joie qu'ils avaient compris,
et, sur le champ, ils allèrent lui quérir
.... un parapluie.

Rendu prudent par le souvenir de

cette mésaventure du grand romancier
je ne songeai point à figurer sur mon
carnet l'attelage, les coursiers et le
cocher dont nous avions besoin. Mais
une heure et demie se passèrent à
rechercher vainement ces trois objets;
nous commencions à penser que le
mieux serait d'abandonner le projet et
de retourner à Fiume par le plus
prochain paquebot, lorsqu'on nous
présenta à un grand gaillard, de mine
rébarbative, qui parlait allemand;
c'était un douanier autrichien.

Ce fonctionnaire parvint à embau-
cher un cocher d'occasion, découvrit
deux cavales chez un habitant et dé-
nicha sous un hangar une vieille voiture qui datait certainement de l'occupation française.

On prit rendez-vous pour minuit
sous les fenêtres de la poste, car il
s'agissait d'arriver à Ogulin le lendemain, avant deux heures de l'après-
midi, heure du train quotidien d'Agram
à Fiume; total : 74 kilomètres à fournir en douze heures.

Rassurés sur notre sort, nous allâ-
mes enfin prendre un repas élémentaire et un repos troublé par ce que
Töppfer nomme le kangourou des
hôtelleries.

A minuit, les claquements répétés de

son fouet nous avertirent que l'automédon était au poste, et nous nous
hissâmes, à la lueur vague d'un fallot,
dans le carrosse qui devait nous caho-
ter sur la route sauvage de Novi à
Ogulin.

La nuit était fraîche et magnifique,
les étoiles brillaient, étincelantes dans
un firmament sans lune.

A minuit et demi, nous partîmes
ainsi, accompagnés des souhaits inintelligibles de nos hôtes, et nous nous
engageâmes dans la solitude émou-
vante de la route.

Souvent déjà on m'a demandé s'il n'y
avait pas témérité à s'engager ainsi, en
pleine nuit, dans une région complètement inhabitée, à la merci d'un cocher
inconnu dont nous ne pouvions même
pas nous faire comprendre. Au moins
étiez vous solidement armé, ajoutait-
on ?

Je crois pouvoir répondre à cet
égard que, de l'aveu de tous, la sécurité
est absolue au milieu de ces populations primitives mais honnêtes. Les at-
tentats contre les personnes, ayant la
cupidité pour mobile, sont très rares, et
quand, en Dalmatie, en Croatie ou au
Monténégro, on visite une prison, on
s'aperçoit que parmi les pensionnaires,
les voleurs sont en infime minorité.

Sur la deuxième question, qu'on me permette de confesser tout mon respect pour le rôle des revolvers, coups de poing américains, poignards catalans, cannes à épée et autres jouets dangereux que l'imagination populaire décore du nom de *permission d'onze heures*, *de bon droit*, etc.; tous ces outils sont parfaits entre les mains d'un bourgeois noctambule qui traverse, passé minuit, un faubourg de grande ville; mais je me demande quel profit en pourait tirer un ménage de touristes aux prises, en pleine nuit, avec une bande de brigands bien déterminés, sûr une route absolument déserte.

Tous ceux qui ont une véritable habitude des voyages estiment telle, en pareil cas, l'inégalité des chances entre l'attaque et la défense, qu'il importe assez peu qu'on ait au fond de sa trousse, un revolver d'ordonnance ou un porte-cigare.

Nous avancions donc, solitaires et confiants, sans autre arme qu'un vieux sabre albanais ciselé et orné de pierreries, que je rapportais du Monténégro, lequel nous donna maille à partir tout le long de notre route avec les... douaniers; douaniers autrichiens, douaniers suisses, douaniers italiens, douaniers français, chacun voulait à son tour percevoir son droit protecteur ou prohibitif sur cet objet d'importation étrangère ; si bien que la seule arme que j'eusse entre les mains fut, pendant tout le voyage, notre principal sujet d'embarras et de difficultés.

La route d'Ogulin commence par décrire de nombreux lacets au-dessus de la ville de Novi : il s'agit de gravir l'arête montagneuse qui borde l'Adriatique et la domine de plus de 1000 mètres. Notre attelage marche d'un bon pas et le froid de la nuit, qui nous enveloppe et nous pénètre, nous fait oublier un peu trop vivement la chaleur étouffante des jours précédents.

Gravissant péniblement la côte, nous croisons de loin en loin, à travers les ténèbres, des chars à bœufs pesamment chargés de bois équarris. De lanterne point ; mais le grincement de ces véhicules primitifs trahissait de loin leur présence et permettait à notre cocher de se garer à temps ; celui-ci échangeait avec les charretiers quelques mots d'amitié qui nous rassuraient sur leurs intentions.

Quand nous parvînmes, après trois heures de route, au sommet de la

montagne, l'aurore éclairait de ses
lueurs indécises le panorama immense
étagé derrière nous : l'Adriatique par-
semée d'îles aux contours sombres et
tourmentés, le canal de Maltempo et,
dans une pénombre confuse, les côtes
de l'Istrie, dominées par le Monte-
Maggiore.

Une heure plus tard, le soleil levant
eût jeté sur ce magnifique décor un
incomparable éclat. Ce spectacle nous
fut refusé ; nous étions partis trop tôt
de notre gîte de Novi.

Avançant toujours, nous ne tardâmes pas à perdre la vue de la mer et
à pénétrer dans une solitude sans horizon. Pendant quelques kilomètres
encore nous roulâmes à travers des
rochers nus et sauvages, qui nous rappelaient le Monténégro ; puis nous tra-
versâmes une région où la hache des
pionniers avait dépilé les futaies, laissant sur place, semblables à des
cadavres mutilés, les bases des arbres
abattus qui pourrissent au soleil. Il faisait grand jour quand nous parvînmes
sur la lisière de la sombre forêt.

Nous avions vu se dérouler successivement toutes les phases de cette opé-
ration barbare qui consiste à ruiner à
tout jamais un pays.

Tout d'abord nous avions gravi la côte,

déboisée depuis des siècles, où les dernières traces de terre et d'humus ont dès longtemps disparu, entraînées par les eaux des orages. Là se montre dans sa triste nudité la carcasse rocheuse de l'écorce terrestre que jamais ne recouvrira plus le manteau de verdure qui l'abritait. Plus loin s'étendent des landes désolées où, au travers des roches tourmentées, gisent çà et là quelques débris de bois vermoulus, misérables restes des futaies anéanties. Au delà se dressent, luttant contre la pourriture qui les ronge, des troncs plus nombreux décapités par la cognée ; entre leurs racines noueuses ils disputent, pour quelques années encore, à l'action dissolvante des eaux et du temps une pelletée de la terre sur laquelle ils ont vécu. Puis voici les dernières victimes de la fureur de déboisement ; ici les troncs se pressent, fauchés à un mètre cinquante du sol ; on se croirait dans l'enceinte immense de quelque temple antique dont un cataclysme n'aurait laissé debout que la base des colonnes.

Enfin nous sommes dans la forêt profonde, colossale, dressant vers le ciel ses fûts hauts de vingt coudées, au milieu desquels la route s'est frayé un passage tortueux et sombre.

Depuis cette lisière jusqu'à Ogulin, nous ne la quitterons plus. Pendant près de soixante kilomètres nous courrons sans interruption sous les sapins, les pins, les hêtres et les chênes ; nous serpenterons dans les vallées, nous contournerons les sommets, nous franchirons des cols, et toujours devant nos yeux, derrière nous, à droite à gauche, se profilera la forêt hérissée, plantureuse, interminable.

Mais voici que là-bas, sous les futaies, dans la solitude silencieuse, un léger nuage de fumée décèle une habitation humaine ; nous nous y arrêtons ; il est 5 heures du matin. Là notre cocher va donner deux heures de repos à ses vaillantes bêtes. C'est au milieu d'une verte clairière, une grande hutte en sapins mal équarris où s'entassent chaque soir les bûcherons occupés à saper la forêt.

À cette heure matinale une sorte de virago, aidée de sa fille, prépare aux travailleurs le café et la polenta. Sur un foyer bâti avec de grosses pierres, la pâte de maïs bouillonne dans un immense chaudron. Ni fenêtres, ni table, ni sièges ; une demi obscurité règne dans cet antre. De toutes les anfractuosités surgissent, comme des fantômes, des Croates arrachés au sommeil. Ce sont pour la plupart des géants au teint basané, aux traits osseux qui semblent avoir été taillés par la hache qu'ils portent sur l'épaule.

Les uns après les autres, ils absorbent gravement une écuelle de café brûlant, font remplir de polenta leur large gamelle et se dispersent dans les bois.

Si jamais acte humain a mérité le nom de vandalisme, c'est à coup sûr la besogne à laquelle se livrent ces malheureux. Aucun arbre, jeune ni vieux, ne trouve grâce devant leur cognée. Tous les fûts sont tranchés à un mètre ou deux du sol, au point où ils commencent à s'évaser pour s'épanouir en racines puissantes ; le pied de chaque arbre est ainsi abandonné sur place, abandonnés aussi la ramure coupée sur le tronc abattu et l'aubier qu'on en détache pour l'équarrir, abandonnée la cime d'un trop faible diamètre, abandonnés, gisant tout de leur long, les arbres trop frêles ou trop noueux et ceux dont la fibre est tordue.

Partout où a passé le bûcheron, plus rien ne reste debout de cette végétation superbe, qui depuis tant de siècles protégeait le sol contre l'aridité. Un amoncellement informe de bran-

chages, d'écorces dépecées, de feuilles;
de jeunes troncs enchevêtrés jonche
la terre sur plusieurs pieds d'épaisseur,
jusqu'au jour où les intempéries et les
pluies torrentielles auront eu raison de
ces débris.

Tel est le mode d'exploitation qui
sévit dans la Hongrie, la Croatie, la
Transylvanie, chez les Serbes, chez
les Roumains, chez les Bulgares.

Tant que les moyens de communication font défaut, la forêt demeure
vierge et inattaquée; l'ouverture d'une
route, d'un port ou d'une voie ferrée,
donne incontinent le signal de la dé-
vastation; aussitôt l'anéantissement
des bois commence, pour ne s'arrêter
qu'après la chute du dernier sapin.

Dans les plaines, les céréales ou les
pâturages peuvent succéder avantageusement au défrichement; mais sur
les montagnes escarpées, rocailleuses, telles que le Velebit, que nous traversons, le déboisement ne peut avoir
d'autre conséquence que la ruine irrémédiable et définitive de la région.
On s'en rend parfaitement compte
quand on voit quelle mince couche
d'humus recouvre le calcaire du sous-
sol: et l'on reste frappé que des
arbres de trente mètres de hauteur
et d'un mètre de diamètre puissent

trouver à végéter dans les quelques pelletées de terre sur lesquelles ils ont grandi.

C'est toujours l'éternel besoin d'argent qui détermine la ruine des domaines forestiers, qu'ils appartiennent à l'Etat ou à des particuliers ; Ici tout le monde est plus ou moins obéré, et attend avec impatience le moment où un débouché commode lui permettra de manger le fond avec le revenu. Ce jour arrivé un capitaliste se présente : c'est généralement un Israélite. Il parcourt la forêt, l'évalue et en offre un prix ; le marché conclu, le massacre commence aussitôt avec acharnement. La grande forêt du Velebit que nous traversons a été ainsi livrée à des exploitants qui se sont engagés, m'a-t-on dit, à l'anéantir en dix années ; elle a été estimée à quatorze millions de mètres cubes de bois à bâtir de gros échantillon.

Tous les habitants de Novi, de Zeng, d'Ogulin et de nombreux autres villages de la côte, dont nous avons vu les femmes servir de portefaix au déchargement des navires, trouvent dans cette œuvre de mort un gagne-pain momentané. Mais ceux qui passeront ici dix ans après nous sur la route de Novi à Ogulin trouveront à la place

de la grande forêt un désert inculte et
inhabitable.

Pour tout homme qui réfléchit,
cette fureur de détruire, cette dévas-
tation insensée des richesses naturelles ne resteront-elles point dans l'avenir la caractéristique de l'époque où
nous vivons; nous l'appelons le siècle
du progrès, je crains que nos arrière-
neveux ne le nomment le siècle du
gaspillage.

L'homme du XIXe siècle a pris si-
multanément possession de tous les
trésors que, depuis six mille ans, ses ancêtres avaient ou ignorés ou respectés.

Portons-nous par la pensée à cent
ans en avant de nous. Du pas dont
nous marchons, que subsistera-t-il
alors des ressources que la terre
recèle encore dans ses flancs ?

Tout ce qui se trouve à notre portée,
nous l'anéantissons sans merci. En
une seule année, sur les divers points
du globe, nous abattons plus de bois
que la nature féconde n'en peut produire en plusieurs siècles. Combien
de centaines de siècles a-t-il fallu au
soleil qui nous éclaire pour emmaga-
siner dans les entrailles de la terre
les quatre cent millions de tonnes de
houille que nous en arrachons an-
nuellement !

Et ces gisements de phosphate, véritables réservoirs de fertilité, que des millions et des millions d'animaux fossiles ont déposés dans les plis de l'écorce terrestre, avec quelle ardeur ne les épuisons-nous pas!

La vie humaine, malgré nos prétentions philanthropiques, a-t-elle été respectée davantage? Quel siècle a vu des guerres plus meurtrières que le nôtre? Et aujourd'hui même, une bonne part des richesses que nous arrachons à la terre n'est-elle pas employée à forger des armes pour nous détruire les uns les autres?

Plus de bois, plus de charbon, plus de phosphate; autrement dit, plus d'industrie, plus d'agriculture; telle sera sans doute, à la fin du XX° siècle, la situation du vieux monde.

C'est avec raison que toutes les nations modernes se jettent sur les contrées nouvelles et inexploitées. Mais il semble qu'avec les besoins modernes l'humanité ne fera qu'une bouchée des ressources que ses hardis explorateurs découvrent à nos yeux étonnés. Croit-on le temps bien éloigné, par exemple, où cette gigantesque forêt africaine, grande comme plusieurs fois la France, que Stanley a découverte et décrite avec une si vigoureuse éloquence,

ne sera plus qu'un souvenir? Peut-être,
au moment où j'écris, une société est-
elle déjà constituée en Angleterre pour
l'anéantir en quelques années, ni plus
ni moins que la forêt de la Kapella que
nous traversons.

Plus d'un lecteur sourira de ces réflexions qui me venaient à l'esprit en
voyant sortir un à un, la hache sur
l'épaule, les bûcherons de la hutte de
Moschena; mais nul ne saurait qualifier de chimériques les craintes que
je signale.

Certains reconnaîtront leur justesse
et se lamenteront quelques instants
sur le sort de nos petits-enfants, mais
la plupart, dans leur scepticisme superbe, répéteront comme cet autre grand
sceptique : « cela durera bien autant
que nous, et après nous le déluge! »

*
* *

Entre la cabane de Moschena, d'où
nous repartîmes à 7 heures du matin,
et Ogulin, la forêt ne présente aucune
solution de continuité. La route, admirablement tracée, se déroule sous les
ombrages épais sur un sol fortement
accidenté.

Les plus hauts sommets dépassent
1700 mètres, tandis que la voie carros-

sable se maintient entre les altitudes extrêmes de 700 à 1050 mètres. J'ai dit plus haut que la distance entre Novi et Ogulin, c'est-à-dire de l'ouest à l'est, était de 74 kilomètres ; telle est la profondeur de la forêt; mais sa longueur du nord au sud est beaucoup plus considérable et mesure plusieurs centaines de kilomètres. Puis elle continue à l'est d'Ogulin, dans la direction d'Agram, mais avec des alternatives de pentes boisées et de plaines recouvertes de champs cultivés et de pâturages.

Les forêts de la Croatie sont considérées comme les plus remarquables et les plus étendues de l'Europe; elles forment un paysage d'une étonnante grandeur, tant à cause de leur puissante végétation que du relief infiniment varié du sol et de la mélancolie saisissante des grands bois.

Mais en attendant que l'homme ait pris possession, pour le dévaster, de ce domaine vierge jusqu'ici, il abrite pour quelques années encore des hardes nombreuses de loups, de cerfs, de renards, de chevreuils, d'ours et de sangliers. Chaque année, à l'automne, l'aristocratie hongroise ou croate, se donne rendez-vous sous les futaies séculaires; des battues sont organisées, et c'est par milliers que l'on extermine les fauves de la forêt.

Deux hameaux et un seul village, le bourg de Jasenack, rompent la solitude profonde de la route. Avant d'arriver à Jasenack, nous rencontrons au bord du chemin un campement de Tziganes. Ces sauvages nomades ont planté là leur tente dans une petite clairière, au pied d'une source limpide. Leurs chevaux paissent en liberté autour d'eux. Hommes, femmes et enfants vivent là, je ne sais de quelles ressources, dans une absolue indépendance.

Nous nous arrêtons un instant pour admirer ces types curieux d'une race remarquablement belle dont on ignore encore l'origine. Ils se précipitent autour de nous, nus pieds, drapés dans leurs haillons, nous demandant avec des gestes exubérants et des cris inintelligibles une distribution de kreutzers.

On sait que tous les Tziganes sont d'instinct musiciens et danseurs; sans doute la musique de ceux-ci n'est qu'une informe rapsodie et leurs danses des gambades sans caractère; mais dans ce cadre sévère et grandiose, ce groupe d'êtres étranges, si fortement typés, forme un tableau qui

ravirait l'âme la moins artiste. Il y
avait là surtout un jeune garçon et
une petite fille d'une dizaine d'années
dont la remarquable sveltesse, les traits
à la Murillo, les beaux yeux noirs et
l'expression à la fois craintive et sauvage restèrent gravés dans notre souvenir. Un peintre eut payé bien cher
la pose de semblables modèles.

Le village de Jasenack est un essaim
de maisons aux lourdes toitures suré-
levées, plus ou moins mal alignées le
long de la route et dominées par la
flèche aiguë d'une église catholique.

Entre Jasenack et Ogulin nous
n'avons plus à compter que 25 kilomètres et comme la route descend
presque continuellement, nous y parvenons en moins de deux heures.

Quelques kilomètres avant d'arriver
à Ogulin, le paysage perd de sa sauvage
grandeur; les bois sombres se con-
finent sur les sommets et de larges
clairières tapissées de fins pâturages
s'étalent sur les pentes. Quelques
maisons apparaissent çà et là, et des
troupeaux égaient la campagne. Enfin
voici Ogulin au fond d'une large vallée
entourée de montagnes vertes épar-
pillées dans un complet désordre; on
se croirait dans quelque coin de la
Forêt-Noire ou du Tyrol.

Midi n'a pas encore sonné quand nous arrivons à la station du chemin de fer ; notre attelage n'a mis que onze heures pour nous faire franchir les treize lieues de la plus remarquable route que nous ayions parcourue pendant tout notre voyage.

Ogulin est une petite ville de trois mille habitants, absolument plate et percée de grandes rues monotones, larges comme des avenues. Des entrepôts de bois, des scieries, des atteliers de boissellerie de toutes sortes bordent ces artères que leurs dimensions font paraître désertes. Deux auberges de bien modeste apparence et fort dénuées de ressources alimentaires nous apprennent que le confortable et la bonne chère n'ont point élu domicile dans ce ravissant pays.

Une petite rivière qui descend du nord-ouest arrose la vallée d'Ogulin ; mais, parvenue en aval de cette ville, elle disparaît entièrement sous une montagne et, après un cours souterrain de quatre kilomètres, elle ressort des entrailles de la terre et poursuit sa route vers l'est jusqu'à la Save qui baigne Agram.

Cent vingt kilomètres, parcourus par une voie ferrée, séparent Ogulin d'Agram, capitale de la Croatie.

Nous n'eûmes malheureusement pas le loisir d'aller visiter cette ville que les descriptions de Louis Léger (1) en 1872 et en 1889, présentent comme un séjour des plus séduisants.

Agram ou Zagreb est le centre de l'activité intellectuelle et politique des Slaves méridionaux, activité croissante, grâce aux travaux de son Académie et à l'enseignement de sa jeune Université.

Là, le génie slave s'épanouit dans toutes les branches des connaissances humaines; les artistes aussi y abondent : peintres, musiciens, poètes, romanciers; et ce mouvement remarquable ne date que des vingt dernières années.

Nous nous préoccupons si peu en France des questions étrangères à cette politique d'estaminet et à laquelle nous semblons borner désormais toutes nos aspirations que j'étonnerai sans doute bien des lecteurs en signalant cette entrée sur la scène du monde contemporain de la race slave, qui, il y a vingt ans à peine était considérée comme à demi-barbare.

---

(1) *Le monde slave*, 1872. — *La Save, le Danube et le Balkan*, 1889.

A vrai dire, ce n'est point le gouvernement austro-hongrois qui prendra jamais soin d'étaler au grand jour les progrès accomplis par cette vaillante population. Il voit avec méfiance se grouper, autour de ce foyer au rayonnement de plus en plus vif, les travaux, les aspirations, les espérances d'une race dont les éléments sont encore épars sous tant de dominations distinctes: les Croates sous les Hongrois, les Dalmates et les Slovènes sous les Autrichiens, les Bosniaques et les Herzégoviniens sous le sabre des kaiserliks, tandis que déjà les Serbes et les Monténégrins peuvent arborer devant leurs frères le drapeau de l'indépendance si longtemps convoitée.

Quelle énergie et quelle persévérance ne leur a-t-il pas fallu pour constituer sous le gouvernement, et presque contre lui, le centre intellectuel d'Agram !

Un homme de génie domine et dirige ce mouvement, c'est l'illustre évêque de Diacovo, Mgr Strossmayer; Aussi la popularité et le prestige dont il jouit n'ont-ils d'égal que l'inquiétude qu'il inspire au gouvernement impérial.

Tandis que les Serbes et les Monténégrins sont grecs orthodoxes, la Croatie est essentiellement catholique;

mais les relations entre grecs et latins sont généralement cordiales. A cet égard la tolérance est universelle ; d'après L. Léger, un pope en voyage ira volontiers demander l'hospitalité à un couvent de Franciscains, et un malade, à son lit de mort, fera appeler un prêtre orthodoxe à défaut de curé. Mais avant tout les Slaves offrent le type, assez rare de nos jours, d'un peuple sincèrement religieux et où la libre pensée est complètement inconnue.

On prête à Mgr Strossmayer l'idée grandiose d'amener un rapprochement entre les orthodoxes et les catholiques et de préparer la fusion de deux églises longtemps séparées et dont le conflit a amené la plupart des malheurs du monde slave.

Quoi qu'il advienne de ce généreux projet et quel que soit le degré de civilisation auquel le grand évêque élèvera ses compatriotes, il m'a paru intéressant de signaler les efforts d'un peuple que nous pouvons, à bien des titres, considérer nous Français, comme des peuples amis.

Le chemin de fer d'Agram à Ogulin continue sa route à l'ouest sur Fiume.

Il remonte d'abord la vallée de la Dobra, vallée bientôt si étranglée, que la voie a dû s'y frayer un passage dans une série de tunnels creusés à même dans le rocher.

Le contraste perpétuel entre les forêts ombreuses et les vertes prairies, éclairées par un soleil éclatant, donnent à cette région accidentée un aspect plus riant que sauvage.

Les stations sont fort espacées; chacune d'elles est enfouie sous de véritables montagnes de bois abattus qui attendent leur heure d'embarquement, et autour d'elles, dans un périmètre de quelques kilomètres, la cognée a accompli son œuvre de ruine.

La ligne s'élève ainsi jusqu'à une altitude de 840 mètres, qui marque le point culminant de l'arête longeant l'Adriatique; quelques kilomètres encore et nous apercevons de nouveau, du haut de cette falaise du Karst, la mer et ses îles, telle que nous l'avions vue de Tersato ou des hauteurs de Novi.

Ce panorama immense qui apparaît subitement, cette ligne de chemin de fer courant pendant des lieues, à 800 mètres d'altitude sur l'arête d'une montagne comme sur le faîte d'un gigantesque talus dont la mer baigne la base, arrache des cris d'enthousiasme à tous ceux qui l'ont décrit; les guides les plus compassés embouchent la trompette lyrique quand ils parlent de la descente sur Fiume par le Karst.

Car Fiume poudroie là-bas sous le soleil, à plus de 800 mètres au-dessous de nous ; déjà nous paraissons la surplomber, et l'on se demande comment la ligne va racheter cette formidable différence de niveau. Je n'en finirais pas à dire combien de courbes, de circuits, de viaducs, d'enlacements autour de la montagne le convoi décrit dans cette descente folle qui dure plus d'une heure.

Le spectacle incomparable de la mer et de ses rives, finement découpées, contraste étrangement avec l'aspect désolé des landes que nous traversons, à partir du moment où le train a franchi la crête de la montagne.

Le Karst, c'est-à-dire les montagnes qui dominent le golfe du Quarnero ou de Fiume et le golfe de Trieste, et s'étendent au nord fort loin dans l'intérieur, est une région célèbre par sa triste aridité.

C'est une reproduction, sur échelle réduite, des paysages monténégrins, caractérisée par une carcasse bossuée, trouée de nombreuses concavités en forme d'alvéoles, dans lesquelles un peu de terre s'étant amassée, les habitants clairsemés récoltent quelques kilogrammes de blé ou de pommes de terre.

Sans nous arrêter à Fiume, nous repartons incontinent par la ligne de Vienne et de Pesth, pour aller débarquer, le soir même, près de Laybach, en Carniole, dans la petite ville d'Adelsberg qui doit sa fortune et sa renommée à ses grottes les plus extraordinaires de l'Europe.

La profusion d'hôtels et d'hôtelleries qui se pressent à Adelsberg nous indique que nous voici rentrés dans le torrent de la circulation des touristes. Il est vrai que nous sommes sur la grande voie ferrée de Trieste à Vienne, quelque chose comme la ligne du Havre à Paris ou de Hambourg à Berlin ; et pour être fidèle à mon programme je devrais clore ici mon récit et présenter mes remercîments au lecteur, lui ayant promis de ne le promener que dans des lieux écartés et à travers des merveilles inconnues.

L'un des hôtels d'Adelsberg, *l'Adelsbergerhoff* surpasse tous les autres par sa position, son aspect monumental, son confortable de bon ton et l'élévation de ses prix, ce qui n'a rien de surprenant, le propriétaire étant genevois. Tout d'ailleurs a été organisé ici à la mode suisse, pour *l'escorchement* le plus manifeste du bon voyageur.

On débute par vous délivrer un coupon pour l'omnibus qui doit vous conduire à la grotte, puis un deuxième coupon pour la visite, soit 3 florins et demi par personne, et à dix heures moins un quart, ni plus ni moins, on vous met en route. Si vous manquez ce départ quotidien, force est d'attendre au lendemain, car le cicérone qui fait les honneurs du souterrain n'opère qu'une fois par jour.

L'omnibus s'élance, roule pendant 10 minutes sur une route poudreuse et ombragée, et s'arrête devant un pan de rocher percé d'une voute noire, grillée et verrouillée à la façon d'une entrée de maison centrale. Une vingtaine de patients attendent assis sur des banquettes, auprès d'un guichet, que le timbre d'une horloge ait l'obligeance de sonner 10 heures.

Tout autour, d'obséquieux marchands de photographies et de *vues* de la grotte, des vendeurs de souvenirs, stalactites, stalagmites, médailles commémoratives, etc., des débitants de plans et de guides sommaires de l'intérieur, et sur le seuil, le cicérone galonné, solennel et gourmé comme un chef de gare allemand.

Les visiteurs qui nous entourent appartiennent à l'espèce courante du touriste cosmopolite (*touristus vulgaris cosmopolites*); il y a là des anglais, des allemands, des italiens ; comme toujours nous sommes les seuls français : tous ces voyageurs stationnent patiemment, en gens habitués au délai normal qui sépare l'instant où l'on doit prendre ses billets de celui où l'on monte en wagon.

Dix heures sonnent enfin; chacun quitte la place et s'agite ; le cicérone-contrôleur s'arme d'une longue clef, fait grincer les verrous et recueille les tickets; puis il pousse un bouton et l'intérieur du trou noir s'embrase de lumière électrique. La visite commence.

Pour qu'une merveille naturelle résiste à un semblable début, il faut qu'elle soit absolument incomparable; c'est le cas des grottes d'Adelsberg.

Un couloir d'une centaine de mètres de longueur semblable à une large galerie de mine conduit à une première *salle* de la grotte; c'est là que commence en réalité cette pérégrination de trois heures dans les entrailles du Karst.

Comparerai-je, suivant la tradition,
les merveilles qui se succèdent à un
palais féerique, digne de figurer dans
les contes des Mille et une Nuits? Dépeindrai-je ces stalactites gigantesques
qui étincellent suspendus aux voûtes
démesurées? Décrirai-je les effets bizarres de la lumière électrique se
heurtant aux anfractuosités de la
roche, faisant apparaître, comme des
silhouettes de monstres endormis
dans leur repaire, les lourds rochers
qui jonchent le sol? Dirai-je le murmure des eaux jouant innocemment
entre les pieds de ces monstres, ou le
grondement effrayant des cascades
qui se précipitent des parois inaccessibles dans des gouffres insondables?
Appellerai-je à mon aide la plume de
Théophile Gauthier ou le crayon de
Doré pour montrer les magnificences
fantastiques de la salle d'honneur
haute de 80 mètres et d'un kilomètre de
circonférence, aux lambris adamantins, aux colonnes de cristal, aux
nervures transparentes comme des
dentelles d'albâtre; ou bien, empruntant des images aux maîtres du naturalisme, oserai-je comparer les
grottes d'Adelsberg à un gigantesque

boyau où les anévrismes et les étranglements se succèdent sur 15 kilomètres de circonvolution ; boyau crevé
d'innombrables fistules qui sécrètent
une lymphe claire remplissant l'air
ambiant d'une vapeur glaciale, tandis
que des concrétions membraneuses
de carbonate de chaux se déposent
sur les parois? Sera-t-il séant de faire
voir dans ces lourds pendentifs de
pierre des excroissances bulbeuses
qui grossissent de siècle en siècle
comme les nodosités sur les articula-
tions d'un goutteux.

Au demeurant, pourquoi s'offusque-
rait-on d'un langage que la littérature
contemporaine se plait à émailler
d'expressions tirées de la science mé-
dicale? La pathologie remplace aujourd'hui l'anthologie; mais les auteurs
les plus classiques n'écrivent-ils
pas très volontiers que des convulsions agitent les entrailles du sol, ou
que des éruptions éclatent dans le sein
de la terre?

Les hommes de lettres de nos jours
espèrent qu'à multiplier ces images
techniques on les prendra pour des
savants; pardonnons leur cette petite
faiblesse inoffensive.

Ce n'est ni dans le style romantique
ni dans la langue des décadents que

notre cicérone s'efforce de satisfaire notre curiosité. Il déclame d'abord en allemand, puis redit en mauvais français, son boniment fastidieux, appris par cœur comme une théorie militaire.

Évaluer la hauteur, la largeur des salles, dénommer celle-ci salon d'honneur, celle-là musée des statues, cette autre salle des concerts — car on donne quelquefois des concerts dans les grottes — jauger les cours d'eau, comparer tel stalactite à un palmier, tel autre à un poisson, placer une lampe derrière un pilier pour démontrer sa transparence, donner le nom des personnages de distinction qui ont visité ces lieux : voilà la mission dont il s'acquitte chaque jour, de 10 heures à midi.

Il dit et s'enfuit devant nous, sans nous laisser le temps d'apprécier la justesse de ses images et de ses évaluations.

Au bout d'une heure de marche on commence à se féliciter du soin qu'a pris une administration prévoyante de tracer sur toute la longueur du parcours un chemin sablé et uni, de tailler d'ici et de là de confortables marches d'escalier, de dresser des garde-fous sur les abîmes, des mains courantes le long des pentes trop

raides, enfin de remplacer par de
la lumière électrique les anciennes
torches fumeuses qui menaçaient de
tapisser les parois d'une couche de
suie à l'instar des murailles d'un
tunnel.

Il est près d'une heure quand nous
quittons émerveillés les grottes d'A-
delsberg qui resteront les plus belles de l'Europe jusqu'au jour où nôtre
intrépide compatriote M. Martel, aura
découvert dans les Causses de la
Lozère, à Dargilan, à Bramabiau ou
ailleurs quelque souterrain vierge encore qui leur enlèvera le premier
rang.

*
* *

D'Adelsberg à Trieste, nous traversons de nouveau les landes rocailleuses du Karst et descendons sur le
grand port autrichien, comme nous
étions descendus la veille sur Fiume.

A quelques kilomètres de Trieste,
nous passons devant cette adorable
folie de Maximilien que l'on nomme
le château de Miramar, posé sur son
promontoire de verdure comme une
mouette aux blanches ailes sur le
bord d'un rocher. Nous visitons avec
émotion cette demeure élégante que
le brillant archiduc quitta à peine

achevée, croyant voler à de hautes destinées.

Partout, dans les salons somptueux, comme dans les allées solitaires du parc, se dresse le souvenir de cette auguste victime et de l'infortunée princesse Charlotte qui vécut là tant d'années, muette, le regard fixé sur les flots, attendant dans une anxiété poignante l'époux dont sa raison égarée ne voulait pas accepter le trépas.

Enfin voici Trieste, la reine de l'Adriatique, avec ses grands arsenaux, ses belles constructions, ses larges quais où sont amarrés d'innombrables navires de tous pavillons.

Trieste, le premier ou plutôt le seul port commercial de l'Autriche, est une ville absolument italienne, italienne d'aspect, de population, de langage.

Il est dans la destinée de cet empire si fragile de ne pouvoir frapper son empreinte, de ne laisser le souvenir de son passage dans aucun des lieux où a pesé sa domination. Que l'on parcoure la Lombardie, ou la Vénétie, que l'on visite Milan, Vérone, Venise, on n'y trouvera plus nul vestige de la puissance autrichienne.

Partout où les Français se sont montrés, ne fût-ce que pendant quelques jours de gloire ou de folie, ineffaçable en est demeuré l'impression dans la mémoire des peuples. Les Habsbourg ont pu occuper pendant un demi-siècle les riches plaines de l'Italie, sans y laisser l'ombre d'un regret ou la trace d'un souvenir.

Que le rêve des irrédentistes, c'est-à-dire de tous les Italiens, vienne à s'accomplir, que Trieste soit réuni à la couronne de Savoie et il en sera de Trieste comme de Venise, comme de Milan.

En deçà de Trieste la nationalité italienne est nettement accusée; au delà, elle se marie plus où moins étroitement à la race slave; entre les deux, l'élément germanique n'a pu se frayer un passage. Dans l'éternelle lutte pour l'existence, lutte latente ou lutte à main armée, que se livrent les peuples comme les individus, l'allemand du sud est étouffé par les éléments plus vivaces qu'il s'efforce d'absorber et qui, lentement, le dévorent.

Ici viennent se confondre dans le tourbillon banal de la vie européenne les derniers remous de cette population balkanique, au milieu de laquelle nous avions vécu pendant de longues semaines. Plus rien à Trieste ne nous

la rappelle, ni les mœurs, ni les lieux,
ni les costumes.

A notre gauche la côte d'Istrie s'allonge, montagneuse, et se perd dans la brume lointaine. A droite, la rive s'abaisse insensiblement. Déjà on pressent les lagunes et l'imagination entrevoit là-bas, tout au fond du golfe, les palais de Venise, reine déchue de ces rivages illyriens que j'ai essayé de décrire, où elle a gravé, pour toujours, l'empreinte de sa puissance.

TABLE DES MATIÈRES